大夏书系·义务教育课程标准（2022年版）案例式解读丛书

总主编｜李铁安　杨九诠

《义务教育体育与健康课程标准(2022年版)》案例式解读

主　编　李冬梅

副主编　田　军　白翠瑾

编　委　（以姓氏笔画为序）

王岩洪　付传勇　宁传涛　闫苍松

邵进南　张朝晖　都晓娟

华东师范大学出版社

全国百佳图书出版单位

·上海·

图书在版编目（CIP）数据

《义务教育体育与健康课程标准（2022 年版）》案例式解读 / 李冬梅主编．—上海：华东师范大学出版社，2022

（义务教育课程标准（2022 年版）案例式解读丛书）

ISBN 978-7-5760-3318-2

Ⅰ.①义… Ⅱ.①李… Ⅲ.①体育课—课程标准—中小学 ②健康教育—课程标准—中小学 Ⅳ.① G633.963

中国版本图书馆 CIP 数据核字（2022）第 186456 号

大夏书系 · 义务教育课程标准（2022 年版）案例式解读丛书

《义务教育体育与健康课程标准（2022 年版）》案例式解读

主　　编　李冬梅
策划编辑　王　京
责任编辑　韩贝多　韦　玮
责任校对　卢风保　刘　健
封面设计　李学文

出版发行　华东师范大学出版社
社　　址　上海市中山北路 3663 号　邮编　200062
网　　址　www.ecnupress.com.cn
电　　话　021-60821666　行政传真　021-62572105
客服电话　021-62865537
邮购电话　021-62869887　地址　上海市中山北路 3663 号华东师范大学校内先锋路口
网　　店　http：//hdsdcbs.tmall.com

印 刷 者　北京季蜂印刷有限公司
开　　本　700 × 1000　16 开
印　　张　13.25
字　　数　220 千字
版　　次　2023 年 8 月第一版
印　　次　2023 年 8 月第一次
印　　数　3 100
书　　号　ISBN 978-7-5760-3318-2
定　　价　58.00 元

出 版 人　王　焰

义务教育课程标准（2022年版）案例式解读丛书

丛书编委会

主　　任　李铁安　杨九诠

编委会成员　（以姓氏笔画为序）

王　京　王　建　王宽明　朱雪梅　杜永寿
李冬梅　李永梅　李伟臣　李红恩　杨豫晖
汪　琼　沈毓春　张　涛　陈　颖　陈运保
陈国兵　林　静　金京生　郝京华　黄燕宁
龚　倩　龚亚夫　靳　彤　蔡　可　戴　慧

高扬“育人为本”之旗帜

——《义务教育课程方案（2022 年版）》理念下的课堂教学改革

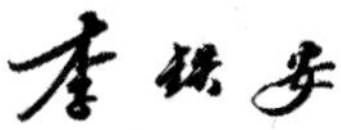

《义务教育课程方案（2022 年版）》（以下简称《方案》）开宗明义阐明了课程“培根铸魂、启智增慧”的育人功能，并鲜明地指出义务教育课程对落实立德树人根本任务的关键作用，特别强调义务教育课程必须立足“培养什么人、怎样培养人、为谁培养人”的根本立场。这为新时代我国义务教育深化课堂教学改革定下了明确基调，并指明了方向。

在不足万字的《方案》中，“育人”一词多次出现，并体现在《方案》各个部分。

- 优化学校育人蓝图
- 细化育人目标
- 推动育人方式变革
- 强化了课程育人导向
- 增强内容与育人目标的联系
- 把育人蓝图变为现实
- 坚持全面发展，育人为本
- 明确育人主线，加强正确价值观引导
- 开展跨学科主题教学，强化课程协同育人功能
- 变革育人方式，突出实践
- 充分发挥实践的独特育人功能
- 坚持素养导向，体现育人为本
- 体现课程独特育人价值和共通性育人要求
- 根据各自课程的性质和育人价值，做好整体规划与分工协调
- 统筹校内外教育教学资源，将理念、原则要求转化为具体育人实践活动

- 深刻理解课程育人价值，落实育人为本理念
- 发挥每一个教学活动多方面的育人价值
- 增强日常考试评价的育人意识

《方案》从优化育人蓝图、发挥育人功能、挖掘育人价值、细化育人目标、牢固育人要求，到增强育人意识、强化育人导向、明确育人主线、开拓育人路径、变革育人方式，整体架构了“育人为本”的理念体系，通篇闪耀着“育人为本”的实践主张。作为统领新课程标准和引领新课程实施的纲领性文件，《方案》对“育人”的表达语重心长、意味深长。立足新时代，展望未来，深化课堂教学改革必须高扬“育人为本”的旗帜，必须彰显“育人为本”的理念，必须将“育人为本”贯穿并融入到课堂教学的全过程。

“育人为本”之于课堂教学的内涵意蕴

1. 课堂教学的育人逻辑

课堂教学是以课程内容（人类优秀文化）为载体的教师“教”与学生“学”相统一的教育实践活动。其中，教师依托课程内容实施“教”的活动，学生依托课程内容展开“学”的活动，教师的“教”与学生的“学”交互作用。无疑，在课堂教学中，教师“教”的活动、学生“学”的活动以及课程内容这三个要素是缺一不可并内在关联的。忽略其中任何一个要素，或割裂各要素之间的内在关系，都不是具有本真意义的课堂教学。

课堂教学也是师生共同分享人类优秀文化成果并获得自身生命成长的一种动态创生的文化活动。这一过程中，必然有人类优秀文化的真善美对学生生命的浸润、启迪与鼓舞，必然有教师高尚的道德情操对学生生命的尊重、关怀与感召，从而也必然有学生主体生命的充分激活与释放。所以，课堂教学三要素的交互作用构成课堂教学内在的文化创生逻辑，这个逻辑无疑也是课堂教学的育人逻辑。

2. “育人为本”的内涵意蕴

育人为本，意即育人是根本。对于课堂教学来说，育人是课堂教学的应有之义和根本遵循。“育人”蕴含着“育谁”“谁育”和“依托什么育”三个基本问题。显然，“育谁”——“育”学生，“谁育”——教师“育”，“依托什么育”——依托人类优秀文化“育”。课堂育人即“教师依托人类优秀文化培育学

生”。“育人”的三个基本问题与课堂教学的三个基本要素内在契合：课堂教学实现“育人”，需要充分发挥教师对学生的教育功能，需要充分发挥课程内容对学生的滋养功能，需要充分激发学生自身的主体发展动能，而且这三个方面内在交互，缺一不可。忽略其中的任何一个方面，或割裂各方面之间内在关系的课堂教学，都不能真正实现“育人”。

“育人”是课堂教学的灵魂与命脉。“育人为本”的课堂教学，必然统摄课堂教学三个基本要素，即彰显课程的育人价值，强化教师的育人作用，激活学生的主体动能，以整体性、深层次、根本性地实现课堂的本体功能，回归课堂的原本意义，真正符合课堂教学的内在逻辑。

“育人为本”之于教学改革的内在诉求

1.“以人为本”的理念导向

过去 20 年，主导我国课堂教学改革的核心理念是“以人为本”。“以人为本”源自“人本主义”哲学观，主张人是认识世界、赋予世界意义和价值的主体，要以“人”作为实践活动的本体，即“以人为本”。课堂教学坚持“以人为本”，实质表达的是“育人”的意蕴和立场。

长期以来，教育渐渐缺失对“人”的尊重。在课堂教学过程中，知识本位观往往使教师不自觉地或无奈地把学生当成被动接受知识的“容器”，学生的主体性被忽视，学生的动机、意志、兴趣、情感、智慧、人格以至尊严逐渐丧失。“以人为本”正是对这些弊端的修正与改善，也是教育思想与教学改革方向的正本清源。

“凸显学生主体地位”是课堂教学贯彻“以人为本”思想理念的直接体现。学生主体地位具有丰富的内涵，包括学生自主的学习意识、自发的情感态度、自觉的思考探究等。为此，在课堂教学过程中，从理念层面看，凸显学生的主体地位就是坚持以学生为主体，相信学生具有巨大潜能，尊重学生的创造力和人格，使学生的主动性、能动性、创造性得到充分发展；就是坚持既要指向学生目前的发展，更要指向学生可持续的终身发展；就是坚持在让学生掌握基础知识和基本技能的同时，还要注重情感态度与价值观的培养等。从实践层面看，凸显学生的主体地位需要创造能彰显学生主体动能的具体情境与活动空间，需要让学生在活动中展现出自主的学习意识、自发的情感态度、自觉的思考探究等。

2.“育人”缺失的实践走向

在“以人为本”核心理念的指导下，课堂以充分凸显学生主体地位为出发点、着力点和落脚点。但不能回避的是，许多课堂暴露出“育人”缺失的突出问题。

课堂“育人”缺失的原因很多，最根本的也许正是因为过分强调学生的主体地位，却又将此简单地理解为教师必须“把课堂还给学生”，必须“让学生站在课堂的正中央”，导致学生主体地位的表现往往被异化为学生争先恐后、迫不及待地举手发言，热热闹闹、不亦乐乎地合作交流，等等。过分凸显以至一味地强调“把课堂还给学生”，背后可能并没有学生主动意识、积极情感和独立思考的发生与体现，实际上反而导致学生主体性内涵的窄化。与此同时，由于过分凸显学生的主体地位，在本该启发、讲授的内容和环节，教师的主导作用也被弱化。不仅如此，为了凸显学生的主体地位，课堂教学又往往走向过分强调小组合作学习、过分追求创设生活化情境、过分追求教学的模式流程等极端。过分强调小组合作学习，不免导致学生学习活动的固化和学习过程的虚化；过分追求创设生活化情境，不免导致课程内容本质的淡化和课程文化价值的退化；过分追求教学的模式流程，不免导致学生思维能力的钝化和教师教学智慧的僵化。

“以人为本”理念主导的课堂教学，易在实践中过分强调凸显学生主体地位，从而导致学生主体发展动能的空场、教师育人功能的空场和课程育人价值的空场。这样的课堂，已经背离了课堂的原本意义，又何以真正发挥其“育人”功能呢？深化课堂教学改革必须从以往片面理解、过分强调“以人为本”走向“育人为本”。彰显“育人为本”并不是对“以人为本”理念的否定，而是对“以人为本”理念的深化和完善。

3.“育人为本”的目标方向

如果说“育人”宛如一条红线贯穿于《方案》始终，那么，“核心素养”就宛如结成红线的一股股细线。核心素养正是落实育人的具体指标，《方案》在“基本原则”部分指出，要遵循“聚焦核心素养，面向未来”原则，“依据学生终身发展和社会发展需要，明确育人主线，加强正确价值观引导，重视必备品格和关键能力培育”。在“课程实施”部分的“深化教学改革”条目指出，要“坚持素养导向。围绕‘为什么教’和‘为谁教’，深刻理解课程育人价值，落实育人为本理念。准确把握课程要培养的学生核心素养，明确教学内容和教学活动的素养要求，培养学生正确价值观、必备品格和关键能力，设定教学目标，改革教学过程和教学方法，把立德树人根本任务落实到具体教育教学活动中”。在“改进教育评价”条目中指出，要“更新教育评价观念。强化素养导向，注重对正确价值观、必备品格和关键能力的考查，开展综合素质评价”，要“全面推进基于核心素养的考试评价，强化考试评价与课程标准、教学的一致性，促进‘教—学—评’有机衔接”。不仅如此，2022 年版各学科课程标准都对核心素养作出了新的概念界定，并将核心素养的具体内涵指标贯穿于课程性质、理念、目标、内容、实施、评价等各个环节之中。

义务教育各学科课程核心素养

学　科	核心素养指标
道德与法治	政治认同，道德修养，法治观念，健全人格，责任意识
语文	文化自信，语言运用，思维能力，审美创造
历史	唯物史观，时空观念，史料实证，历史解释，家国情怀
数学	会用数学的眼光观察现实世界，会用数学的思维思考现实世界，会用数学的语言表达现实世界
英语	语言能力，文化意识，思维品质，学习能力
地理	人地协调观，综合思维，区域认知，地理实践力
科学	科学观念，科学思维，探究实践，态度责任
物理	物理观念，科学思维，科学探究，科学态度与责任
化学	化学观念，科学思维，科学探究与实践，科学态度与责任
生物学	生命观念，科学思维，探究实践，态度责任
信息科技	信息意识，计算思维，数字化学习与创新，信息社会责任
体育与健康	运动能力，健康行为，体育品德
艺术	审美感知，艺术表现，创意实践，文化理解
劳动	劳动观念，劳动能力，劳动习惯和品质，劳动精神

课堂教学要真正实现育人目标，就必须把核心素养科学完整地融入教学过程。为此，教师必须真正理解和把握课程内容中究竟蕴含哪些核心素养，如何挖掘出核心素养，如何厘清核心素养的属性及其相互的内在关系，如何架构教学结构，不同的核心素养需要辅以怎样的教学契机，学生需要经历怎样的学习过程才能真正提升核心素养，等等。

“育人为本”之于深化教学改革的实践策略

实现课堂育人的新要求，落实核心素养的培养，归根结底需要深化教学改革，关键在于教师践行科学的教育观、课程观、教学观和学习观，包括对学生的尊重关爱与道德示范、对课程文化价值的理解、对育人目标的架构、对核心素养的挖掘、对教与学关系的把握、对学生学习规律的了解、对教学结构的设计、对学生学习过程的调控等。

1. 教师育人境界与课程文化精神要彰显高尚性

教师没有爱，何以实现育人？教师不能“以德立身、以德立学、以德施教”，何以成为学生健康成长的引路人？为此，在课堂教学中，教师要以至真至爱的教育情怀和高尚的道德情操尊重每一名学生的生命、智慧、人格与个性，要通过充分表达对自己所教学科的热爱与自身的幸福感来激发学生对学习这门学科的信心与兴趣。然而，我们不禁深问：我们的课堂教学是否坚守住了这个最基本的育人底线？作为教师，我们对学生有爱吗？有真爱吗？有至真至爱吗？我们对每一名学生总有至真至爱吗？从没有爱到有爱，从有爱到有真爱，从有真爱到有至真至爱，这对于我国中小学教师来说，应是无条件去追求和实现的境界！当然，这可能要经历一段长长的历程！

课程内容是人类文化的精华，是系统化和有价值的经验，蕴含着人类知识创造过程中的理想、信念、思想、情感、方法和智慧，对学生的生命成长具有多维且深刻的影响。这就需要教师充分挖掘课程内容背后的文化价值，将人类优秀文化嵌入学生的精神世界，给学生以高尚深厚的文化教养，从而把学生主体的精神空间塑造得更加广阔、高远、深厚而灵慧，并借此主动参与人类优秀文化的再创造。课程的文化精神是育人的根本滋养，教师若不深入挖掘并呈现给学生深刻而精致的课程文化，不对学生现身说法地表达自己对所教学科的热爱以至痴迷，课堂育人将成为一句空谈。

2. 教学基本规律与学习活动机制要遵循本真性

课堂教学是“以学定教”与“以教导学”的动态统一，意味着“教”与“学”总是彼此呼应、相辅相成的。当学生的“学”（思维、情感、态度等）处于弱化或遇到困境时，教师就必须对学生的学习给予适切的“教”（启发、激励、引导、讲授等）；伴随教师“教”的强化，学生的“学”也逐渐得到强化；

此时，教师的“教”就要适时地逐渐弱化下来，从而使学生的“学”得到更好的强化。这才符合教学的基本规律。反之，如果教师忽略或无视学生的学习状态，或者学生的学习没有得到教师“教”的回应，那么“教”与“学”就是缺位或错位的，这也就不是本真的教学。

学习是一个“学”而后“习”的完整逻辑过程。“学”是一种获得知识和经验的“觉悟行为”，表现为个体通过对学习对象的感知达成理解和内化。“习”是一种获得知识和经验的“实践行为”，表现为个体通过对内化知识的巩固达成强化和迁移。为此，教师要立足学生的学习逻辑，对课程内容进行与之呼应的教学设计和组织调控，确保学生基于课程文本和教师调控实现科学的认知，从而使课程内容被学生所理解并创生新的文化。反之，如果学生学习的逻辑与课程内容的内在逻辑不相符，那么，学生的学习也就不是科学而有意义的学习。

3. 课程育人目标与学生学习过程要强化丰厚性

立德树人是课程育人目标的根本遵循。仅仅关注学会知识和提高分数的课程目标，显然与立德树人的任务要求相悖，却仍是目前诸多课堂教学的主导目标。这样的课程目标并不能实质性地提升课堂教学效率，却因过分强调训练和强化，最终导致课堂教学的单薄、乏味、拘谨和软弱。如此，课堂教学内容的育人价值怎能充分体现？学生的学习过程怎能彻底展开？教师的教学调控怎能从容打开？师生的智慧情感怎能尽情释放？这将造成对课堂教学育人文化的格局性伤害！

充满育人价值的课堂往往是通过创设一个个能够激发学生思考、探究和交流的，富于启发和挑战的，内涵丰富的“高层次”问题，再让学生经历一个个深刻而完整的问题解决历程，如让学生自主发现和提出问题，不轻易告诉学生解决问题的明确路径，让学生置身于解决问题的困境中，避免过早地告诉学生答案，让学生在问题解决过程中尝试犯错误等。相反，如果教师只是设置一些简单的“记忆性”问题，或者只是通过类似一问一答式的教学处理，把教学内容直接传输给学生，可以想见身处在这样的课堂中学生会有怎样的收获和体验。没有育人目标和学习过程的丰厚性，课程的育人目标又怎能完美达成？

4. 教学结构设计与教学策略选择要追求灵动性

课堂教学结构是指课堂教学各要素之间相互联系、相互作用而形成的教学活动的组织进程。毫不夸张地说，课堂教学结构对课程育人目标的实现几乎有着决定性影响。

新课程实施以来，许多课堂教学采取固化的教学模式：设置情境，激发兴趣；小组合作，互动交流；汇报展示，总结点评；巩固强化，应用拓展。显然，这是以“教学策略”为主体搭建的教学结构。这样的教学结构意味着无论什么样的教学内容、什么样的学生，教学都将按照统一的模式与流程进行。至于课程内容如何安置和演绎，在这个模式中并没有体现。事实上，对于具体的一节课来说，即使课程内容相同，由于学生的学情不同、教师的教学观不同，教学策略（包括让学生选择的学习方式）也会不同。因此，整节课所呈现的各个环节及其组织进程必将不同，课程目标的实现也将不同。这就意味着，以“教学策略”为主体搭建的教学结构必将难以实现课程的育人目标。

课程内容应是架构教学结构的主体要素和先决条件。课堂教学首先要架构“以课程内容为主体”的教学结构，在此基础上选择和确定彼此呼应的教学方式和学习方式。依托课程内容架构的教学结构所开展的教学是灵动的——课程内容的组织是灵动的，教学策略的选择也是灵动的。

这就要求教师在进行教学设计时要深入追问课程内容的核心本质和知识结构究竟是什么，学生学习这一课程内容究竟需要哪种学习结构。在明确这一问题的基础上，再构建课堂教学结构。教学结构是由一个个问题有逻辑地构成的，而学生的学习过程就是解决一个个问题的过程。在这个过程中，教师根据具体的问题以及学生解决这个问题的具体情境，切实采取相应的教学策略。这一过程，也正是“问题展开过程”与“学生学习过程”彼此呼应的过程，是“以学定教”与“以教导学”相辅相成的过程。

“育人为本”作为课堂教学的核心理念，就是力图使课程的文化价值、教师的主导作用以及学生的主体地位在课堂教学活动中三位一体协调作用，切实保证课程的育人功能、教师的育人功能以及学生的自主发展动能得以实现，并真正让课堂教学回归其原本意义，遵循其基本规律，弘扬其根本宗旨。无疑，“育人为本”更能启发教师完整地把握课堂教学的原本意义，更能规范教师自觉地遵循教学的基本规律，更能引导教师坚定地践行课堂教学的根本宗旨。

课堂育人——正是深化课堂教学改革的一份文化期待！

健康第一，以体育人

——体育新课标的价值追求

我国体育与健康课程标准经过多次调整和改革，集中体现了不同时期社会发展背景下对青少年健康成长的课程愿景，引领着体育与健康课程的价值取向，构建着理想的体育与健康课程方案。①

体育与健康课程标准是体育课程改革和发展的风向标，是衡量体育教育发展水平的重要标志，反映了体育课程的动态建构过程。②经过 10 年的实践探索，2022 年 4 月，教育部发布了《义务教育体育与健康课程标准（2022 年版）》（以下简称《课标 2022》）。《课标 2022》以促进学生核心素养的形成和发展为核心，落实立德树人根本任务和“健康第一”教育理念，突出学校体育的育人功能，以实现学生身心健康、体魄强健、全面发展。

服务国家义务教育发展战略，着眼培养时代新人的要求

培养什么人，是教育的首要问题。学校体育首先是教育中的体育，担负着提高每个儿童青少年身心健康的职责。同时，体育的教育功能还体现在培养学生的爱国主义精神、团队合作精神、顽强拼搏精神、遵守规则意识等方面。③《课标 2022》同样承担着以育人为根本，培养有理想、有本领、有担当的时代新人的任务。

---

① 张细谦，杨文轩．体育与健康课程实施的发展策略［J］．体育学刊，2012，19（1）：74–77.

② 翁家银．关于体育教学研究的若干问题［J］．体育学刊，2003，9（4）：84–86.

③ 王登峰．教育中的体育和体育中的教育［J］．体育科学，2017，37（12）：3–6.

1. 坚持“健康第一”

健康是人民最具普遍意义的美好生活需要。党的十九大报告将实施健康中国战略纳入国家发展的基本方略，把人民健康置于“民族昌盛和国家富强的重要标志”地位。《课标 2022》坚持落实“健康第一”教育理念，强调体育与健康教育的深度融合，旨在通过体育与健康教育促进儿童青少年身心健康、体魄强健，重点关切我国儿童青少年的身心健康。

2. 落实立德树人根本任务

立德树人是我国教育的根本任务。习近平总书记在 2018 年全国教育大会上强调把“立德树人”融入思想道德教育、文化知识教育、社会实践教育的各个环节。体育课程育人是学校落实立德树人根本任务的重要途径。在立德树人根本任务中，“立德”是首要任务，关系人才培养的总方向。[①]《课标 2022》以培养学生核心素养为导向，将体育品德列入其中，是对国家系列政策的呼应，为落实立德树人根本任务提供了明确的、操作性强的指导意见，彰显体育课程的德育价值。

3. 强调以学生发展为本

党的十九大报告中明确提出：“深化教育改革，加快教育现代化，办好人民满意的教育。”这为新时代教育事业的发展指明了方向。在深入贯彻党的十九大精神中，新时代学校体育课程改革从顶层设计到一线实施始终以学生发展为出发点和落脚点。《课标 2022》强调从“以知识与技能为本”向“以学生发展为本”转变，明确了教师是体育课程中学生的帮助者、指导者与协调者，进一步确立学生的主体地位。教师所开展的一切教学活动必须从学生的学习需求和兴趣爱好出发，以发展学生核心素养为引领，充分体现体育与健康课程健身育人的本质特征。

遵循科学的教育发展观，回应学校体育教学改革的问题

我国中小学体育课程历经多次变革，每次课程改革都蕴含着不同的价值观念，并规约着课程改革周期性的兴起与重建。然而，近 30 年来，我国儿童青少

① 顾明远. 德育为先，立德树人［N］. 中国教育报，2013-12-06（6）.

年体质健康问题仍然突出，体能状况连续多年下降，肥胖率、近视率升高。虽然原因是多方面的，但学生喜欢体育却不喜欢体育课、课外活动时间不足、竞赛形式单一，教学中以技术为中心、割裂运动整体等现实问题仍然存在。《课标 2022》全面梳理体育与健康课程改革的困难与问题，对实际问题作出了有效回应。

1. 让运动乐趣重返体育课堂

2018 年，习近平总书记在全国教育大会上指出要树立“健康第一”的教育理念，帮助学生在体育锻炼中享受乐趣、增强体质、健全人格、锤炼意志。体育源自游戏，是因追求乐趣而形成的运动文化。体育课的首要任务是让学生享受体育运动带来的快乐。但是，当前中小学生普遍不喜欢体育课的态度与体育文化的初心与特性渐行渐远。《课标 2022》提出应通过“大单元教学”的新实践，把技能学习与具体的应用、知识、情境结合起来，以此让学生获得丰富的实践性智慧。这有利于克服学校体育教学中的“蜻蜓点水”（导致学生学不精、学不好）、低级重复（导致学生因技能学习毫无进展而感到厌倦）、浅尝辄止（导致学生因运动和比赛不能尽兴而感到沮丧）。[①]《课标 2022》强调通过创设丰富多彩、生动有趣的教学情境，倡导将教师的动作示范、重点讲解与学生的自主学习、合作学习、探究学习有机结合，将集体学练、小组学练和个人学练有机结合，在丰富多彩的“学、练、赛”环境中体验运动的乐趣，推进体育课堂教学的实效性和趣味性。同时，将健康教育理论、交流互动与实践应用相结合，让学生了解体育与健康，喜欢体育与健康课。

2. 课内外一体，增强学生体质

儿童青少年体质健康水平下降和身体活动不足的情况普遍存在。2020 年 10 月，中共中央办公厅、国务院办公厅印发的《关于全面加强与改进新时代学校体育工作的意见》提出“到 2022 年，学生身体素质和综合素养明显提升”。《课标 2022》明确提出“学生每天校内锻炼 1 小时，校外锻炼 1 小时”的要求。课内，针对水平一的学生构建“基本运动技能＋健康教育＋跨学科主题教育”的课程内容体系；针对水平二、水平三、水平四的学生构建“体能＋健康教育＋专项运动技能＋跨学科主题教育”的课程内容体系。从课程目标、课程内容、教学方法和

---

① 毛振明，张媛媛，叶玲．论运动乐趣在体育课堂中的迷失与回归［J］．成都体育学院学报，2019，45（2）：31-37.

学习评价等方面强调帮助学生养成锻炼习惯，在学业质量中增加与锻炼习惯有关的评价指标。课外，丰富体育活动的内容，提高课外体育锻炼的质量，布置学生独立完成体育家庭作业，拓展儿童青少年体育锻炼的时间和空间，有效弥补学生运动不足的问题，以增强学生体质。

3. 教练赛融合，促进技能掌握

2021 年 6 月，教育部印发了《〈体育与健康〉教学改革指导纲要（试行）》，提出"'教会、勤练、常赛'，构建科学、有效的体育与健康课程教学新模式，帮助学生掌握 1 至 2 项运动技能"。《课标 2022》提出根据学生的身心发展规律、运动技能形成规律和课程的育人特点设计各水平的教学单元。例如，专项运动技能包含球类运动、田径类运动、体操类运动、水上或冰雪类运动、中华传统体育类运动、新兴体育类运动共六类，每类包含若干运动项目。根据学生兴趣爱好，3～6 年级自主选择 8 个运动项目；7～8 年级自主选择 4 个运动项目，对每一个项目实施完整、系统的大单元教学；9 年级自主选择 1 个运动项目，为有效保证学生掌握能使其终身受益的 1～2 项运动技能固本强基。通过周周赛、班班赛等全员参与的赛事体系的建立，实现"学、练、赛"一体化，让学生在充满运动乐趣、循序渐进的过程中理解和掌握运动技能。

落实体育学科核心素养，达成学生全面发展的育人目标

2016 年，《中国学生发展核心素养》研究成果发布。核心素养主要是指学生应具备的、能够适应终身发展和社会发展需要的必备品格和关键能力。①《课标 2022》从运动能力、健康行为、体育品德三个方面构建了体育学科要培养的核心素养体系，回应了新时代学校体育教学改革的新方向和新目标：让学生在体育锻炼中培育核心素养、促进全面发展。《课标 2022》提出了体育与健康学科核心素养的维度和内容，就如何培养学生的核心素养作出明确、具体的部署和要求。

1. 提高运动能力

运动能力主要体现为基本运动技能、体能、专项运动技能的掌握与运用。

① 核心素养研究课题组．中国学生发展核心素养［J］．中国教育学刊，2016，37（10）：1–3.

《课标 2022》根据不同学段的特点，提出了运动能力的内容要求与学业要求。针对水平一目标，专门设置基本运动技能的课程内容，主要是发展学生的身体活动能力，为体能和专项运动技能的学练奠定良好的基础；针对水平二、水平三、水平四目标，分别设置体能和专项运动技能的课程内容。对学生体能学练进行了强化，水平二要求每节课 10 分钟，课外每周 3 次、每次至少 0.5 小时的体能练习；水平三、水平四要求每节课 10 分钟，课外每周 3 次、每次 1 小时左右的体能练习。同时，将专项运动技能中的技战术教学从传统观念中解放出来，把技战术教学、技战术组合教学、技战术运用（比赛）与发展运动能力结合起来，把运动能力素养导向体育实践应用。

此外，《课标 2022》强调要科学设置运动负荷，保证每节实践课有足够的运动负荷，让学生获得充分的运动体验，提高运动能力。

2. 促进健康行为

《课标 2022》指出，健康行为是指学生增进身心健康和积极适应外部环境的综合表现。健康行为包括体育锻炼意识与习惯、健康知识与技能的掌握和运用、情绪调控、环境适应四个维度。健康行为培养是一项有计划、有目的、有针对性的教育活动，把运动技能学习与运动知识巧妙地结合在一起，既要让学生树立正确的健康观和体育观，又要培养学生的健康体育意识；既要让学生全面锻炼身体，增强体质，增进身心健康，又要传授基本体育知识、技能与技术；既要使学生具有一定的体育与健康文化素养，又要提高学生维护自我健康的能力，最终使学生养成健康的体育行为和生活方式。因此，体育教育应与健康教育相融合，以促进学生良好健康行为的形成。同时，《课标 2022》还关注对学生“健全人格”的培养，即通过体育活动以及对健康与安全知识的了解，使学生能够具有情绪调控与适应环境的能力。

3. 养成良好品德

《课标 2022》明确提出要“坚持德育为先”“落实立德树人根本任务，发展素质教育”，强调通过一定负荷的体育锻炼、对抗练习和体育比赛培养学生正视挑战、克服挫折与胆怯、勇敢坚毅、积极进取的体育精神；通过体育游戏、展示或比赛等学习情境的设计，让学生通过亲身体验来感悟、习得体育道德，即遵守规则、诚信自律、具有公平竞争的意识和行为；通过“常赛”机制的建立培养学生在班级、团队中的角色认知和责任意识，培养学生对权利、义务、责任的理解，促进学生融入团队，在团队中发挥作用、体现价值。学校体育作为学校教育的内容和载体，承载了体育的文化、人文本质及人文价值。《课标2022》超越对“体”的局限，关注学生体育品德素养的形成，使体育与健康课程为落实立德树人根本任务发挥重要作用。

以新课标核心内涵为引领，重塑体育教师的角色定位

实现中华民族伟大复兴，关键在人才，基础在教育，根本在教师。新一轮课程改革的有效实施，体育教师发挥着独特且不可替代的作用，也面临着新的挑战。体育教师须应时顺势，重塑角色定位，拓展角色内涵，以适应时代发展所带来的诸多变化。

1. 师德规范的践行者

体育教师要坚定不移地拥护党的领导，忠诚于中国特色社会主义教育事业，自觉遵守社会主义道德规范，带头弘扬中华传统美德，以道德力量感化学生，以模范行为引领学生，以独特的人格魅力开启学生的心智，厚植学生爱国主义情怀、增强学生的民族自豪感，扎实推进立德树人、以体育人；体育教师要加强理论素养，做中国梦的有力传播者，将教师个人梦想与国家梦想高度结合，引领学生的精神成长和思想发展；体育教师要引导学生追求真善美、养成健康生活方式、培养积极向上的生活态度。

2. 专业素养的提升者

体育教师应根据新时代学校体育目标、教学环境和学生特点，发展专业素养，与教育改革趋势同向同行。体育教师要秉承终身学习的理念，系统提升自身的品格、知识、能力、信念等立体化素养。第一，需要具有较高的教育情怀，热爱教师职业，工作积极投入，这也是普通教师应该达到的基本品格要求；第二，“教会、勤练、常赛”是新时代体育与健康课程新的改革方向，要求体育教师提升基本与专项技能水平、体育教育教学能力以及专业实践能力；第三，在核心素养目标的指引下，体育教师要积极开展跨学科学习，与时俱进更新相关专业知识，不仅要具备与课堂密切相关的实践性知识，还要具备天文地理、人文历史和哲学政治等方面的通识知识，这些知识对教师的教育和教学活动有着重要的辅助

作用；第四，体育教师要坚定职业认同，树立专业自信，厚植职业情怀，将之化为内在动力，提高体育教学质量，并为学生提供丰富多样的课后体育服务，助力学生全面发展。

3. 学生发展的仁爱者

教育的本质是促进学生发展。教师对学生的爱需要专业的表达，需要融入专业活动之中，从而实现专业教育的目的。首先，体育教师应更专业地关注并欣赏学生的成长，不仅要为优秀学生锦上添花，更要针对不同身体条件、运动基础和兴趣爱好的学生因材施教，循循善诱，激励所有学生愿意参与课堂，提高学生坚持学习的毅力，在原有基础上实现更好的发展。其次，学生是发展中的人，尤其对于中小学生来说，处在人生观、世界观和价值观形成的关键阶段，教师的引导显得尤为关键。体育教师应通过体育与健康课程中的课程教学、训练竞赛，发挥综合育人功能，有计划地帮助学生形成正确的人生观、价值观。此外，师生关系是儿童青少年重要的人际关系之一，师生关系优劣在很大程度上取决于教师。教师应致力于建立温暖、关心、喜欢、信任的师生双边互动关系，最大限度地激发学生体育学习的内在潜能，以实现立德树人和以体育人。

李冬梅

2023 年 5 月 1 日

目　　录

第三部分　“课程内容”解读 / 85

第四部分　“学业质量”与“课程实施”解读 / 138

第一部分

“课程性质”与“课程理念”解读

义务教育体育与健康课程作为以培养学生核心素养和增进学生身心健康为主要目的的课程，在素质教育中具有重要的作用。《课标2022》强调落实立德树人根本任务，坚持“健康第一”教育理念，以中国学生发展核心素养为引领，构建“育体与育心一体、体育与健康教育相融合”的课程体系。以“教会、勤练、常赛”为抓手，以“学生发展为本”，遵循学生运动技能形成规律和身心发展规律，关注学生个体差异，注重教学方式改革，重视综合性学习评价，培育有理想、有本领、有担当的时代新人。这是新时代对学校体育提出的新要求，是通过学校体育实现学生身心健康全面发展的具体体现。

01　体育与健康课程如何落实立德树人根本任务？

《课标 2022》提出：

➡ 体育与健康课程以习近平新时代中国特色社会主义思想为指导，全面贯彻党的教育方针，落实立德树人根本任务，坚持“健康第一”教育理念，以中国学生发展核心素养为引领，重视育体与育心、体育与健康教育相融合，充分体现健身育人本质特征，引导学生形成健康与安全的意识及良好的生活方式，促进学生身心健康、体魄强健、全面发展。

理论阐释

1. 立德树人的理论内涵

党的十八大从长远眼光和全局角度指出“把立德树人作为教育的根本任务”。党的十九大从发展角度和战略高度强调要落实立德树人根本任务。立德树人，就是要以立德为前提、为基础，以树人为目标、为核心。体育教学中如何将立德树人教育理念落实到位，在完成体育与健康教学任务的同时落实立德树人根本任务，是体育教育工作者须认真思考的重要课题。

“立德树人”作为我国教育的时代主题，揭示了教育的本质，突出了“德”在人的全面发展中的地位，科学地阐述了道德发展与人的全面发展的辩证关系。这对教师提出了更高的要求。著名教育理论家苏霍姆林斯基在《给教师的建议》一书中说：“请你记住，你不仅是自己学科的教员，而且是学生的教育者、生活的导师和道德的引路人。”体育课程在落实立德树人根本任务方面的重要性，我国著名体育教育家马约翰有过重要表述：体育的功能是多方面的，包括身体的、智育的、道德的等诸方面。体育具有广泛的教育价值，非仅限于身体教育。①

① 律海涛，何叙．马约翰体育思想研究［J］．南通大学学报（社会科学版），2010（6）：61-64.

2. 体育与健康课程落实立德树人根本任务的实践路径

教师要结合体育课的特点进行体育教学活动中的品德教育，不能牵强附会，更不能把体育课变成单纯的思想教育课。小学体育课要生动、活泼、有乐趣，才能激发学生的兴趣，使他们在掌握体育知识、技术、技能和锻炼身体的过程中养成良好的道德品质。

教学常规是保证教学工作顺利进行的经常性要求和准则，对教学工作的顺利进行，防止运动损伤，培养学生好思想、好作风等都有重要作用。教学常规要根据教学需要，针对学生特点予以建立，并严格执行。教学常规是教师向学生进行德育教育的基本途径，我们可以根据不同时期、不同班级的具体情况，有重点地把教学常规的内容与讲礼貌、讲道德、守纪律、能坚持等结合起来，更好地践行立德树人。

教师在体育与健康教学中要时时处处渗透德育，久而久之，学生的行为、意识就会开始转变。学生在课堂中养成的良好习惯不仅能使课堂教学的效率提高，也能为学生自身的发展打好基础，真正实现育人的目的。

在学校的体育与健康教学中，“立德树人”是全员性、全方位、多渠道的，要求体育教师充分了解学生身体发展的情况和认知能力，并对自己的教学模式进行及时的调整与创新，同时要充分挖掘各项体育资源。教师要善于发现，把握恰当的时机，采取积极有效的措施，正面引导学生，培养学生阳光的心理和积极向上的态度。这不仅可以增强学生的体质，还能有效促进他们身心健康发展。

案例解读

案例 1-1 水平一：田径跳跃教学片段

本案例由辽宁省大连经济技术开发区童牛岭小学任春龙老师提供。

本案例以学习立定跳远为主线，以情境化教学为主要教学方法，以“立定跳远”为主要教学内容，以自主、合作、探究为主要学习方法，初步培养学生的集体荣誉感、团结合作精神和独立完成任务的能力。

◎环节 1　模仿小动物跳

师：同学们，你们知道哪些动物会跳吗？

生：青蛙、袋鼠、猫、鹿、蚂蚱、兔子……

师：大自然中的动物是人类的好朋友，刚才同学们说了很多会跳的动物，你们能不能来模仿一下它们“特别”的跳跃方式？

学生模仿各种动物跳。教师观察学生的动作，并及时进行针对性指导。

◎环节 2　学习学生袋鼠跳

师：刚才同学们模仿了很多动物的跳，这些动物中哪个跳得最远呢？

生：袋鼠。

师：你们想不想像袋鼠一样跳得那么远呀？

生：想。

师：要想跳得远，就要掌握正确的方法，现在老师就教你们跳得更远的方法。

教师讲解立定跳远的动作，采用矮人（两脚分开与肩同宽，屈膝半蹲，手臂后摆）、高人（直立，手臂上摆）、超人（用力向前上方跳起，手臂上摆）的小游戏分步骤教授立定跳远的动作。学生在教师的组织下，按口令做“矮人—高人—矮人—超人”的动作练习。

教师组织学生分组练习，提示他们落地时注意缓冲，强调注意安全。学生按教师、组长的指挥和安排，有序地进行练习。

◎环节 3　游戏“木头人”

师：同学们跳了一节课，是不是都累了？现在我们一起来做个放松的小游戏——“木头人”。老师带领大家做各种拉伸、敲打、放松的动作，当听到老师喊“木头人”时，同学们要保持当前姿势不能再动啦。

学生跟随教师的口令进行游戏，养成听从指挥、服从安排、有令立行的良好学习习惯。

师：通过今天开心的学习，相信你们一定有很多收获，下面同学们一起来分享一下吧。

生：今天模仿了很多小动物的动作，学习了一项新的技能——立定跳远。

生：在今后的生活中，我们要做一个善于观察、认真学习的人。

师：希望大家回去后把自己的感受记录下来，把所学的技术展示给家人。

◎评析 在情境化、游戏化教学中体现德育教育

立定跳远是一项非常重要的传统学习内容，小学低年级学生腿部和腰腹力量小，动作协调性差，如果练习方法不当，很容易产生厌倦心理。为了使学生更好地掌握动作方法，教师创设的模仿各种动物跳的教学情境，将立定跳远的教学内容和情境化、游戏化教学有机结合起来，启发学生积极思考。之后教师又设计不同环节，组织学生模仿、观看、体验，环环相扣，层层递进，培养学生的想象力及模仿力，激发学生的学习兴趣，营造良好的学习氛围。教师通过情境化、游戏化教学使学生更加容易掌握体育知识和技能，同时有助于发展学生的协调性，增强学生腿部及腰腹力量，提升学生的自尊心、自信心。

情境化、游戏化教学还能更好地将德育课程与体育课堂有机融合，加深学生的情感体验，启发学生的思考，使原来枯燥的技能练习变得生动、活泼、有趣。发挥小组长的骨干作用，组织学生积极参与，培养学生相互协作的优良品质。通过游戏的方式激发学生的学习兴趣，在游戏中培养学生听从口令、有令立行的良好学习习惯和合作精神。教师让学生在自主、尝试、体验的过程中获得乐趣，玩中有学、学中有练、练中有悟，从而打造了一个轻松欢快的课堂，在潜移默化中实现育人。

案例 1-2 水平一：田径快速跑教学设计

本案例由辽宁省大连经济技术开发区童牛岭小学任春龙老师提供。

【活动目的】

（1）尝试采用各种起跑的方法，初步学习站立式起跑，感受起跑的动作，提高参与活动的兴趣，90% 的学生基本掌握站立式起跑的动作，10% 的学生基本了解动作。

（2）促进身体正常发育，发展灵敏、协调、速度、力量等身体素质。

（3）培养集体责任感，提高合作、竞争意识，体验集体学习的乐趣，养成遵守规则、尊重他人的良好品德。

【活动实施】

◎准备部分

1. 准备活动

（1）课堂常规（略）。
（2）教师带领学生进入场地。
（3）游戏“看谁反应快”。

方法指导

学生沿圈逆时针慢跑，听到哨声后变向跑，当教师喊数字几后，几个学生就抱在一起。

2. 辅助游戏“听数追拍”

方法指导

从排头开始1～4循环报数。游戏开始后，学生沿圈逆时针慢走，听到教师喊数字几，几号学生迅速向前追赶同伴（其他同学原地不动），跑一圈后回到自己的位置。追到前面同伴的得1分，被追到的扣1分，其他的不得分。

◎基本部分

1. 练习起跑

（1）各种姿势的起跑。学生边练习边思考总结用什么姿势起跑比较快。
（2）小游戏“长江，黄河”，体验快速起跑。

方法指导

学生分成两排，相距 3 米对面站立，一排叫“长江”，另一排叫“黄河”。当教师喊“长江”，“长江”转身向后跑，“黄河”追，听到教师哨声，停止追逐并返回原处；当教师喊“黄河”，“黄河”转身向后跑，“长江”追，听到教师哨声，停止追逐并返回原处。追到前面同学的得 1 分，没被追到的得 1 分，其他的不得分。

（3）站立式起跑。

2. 游戏“打躲避球”

方法指导

三名学生在圈外用软排球击打站在圈内躲避球的其他学生，圈内学生不允许用手接球。被打到的学生到圈外参与打球，所有学生被打到，则比赛结束（或计时 5 分钟，还没被打到的学生获胜）。

◎结束部分

1. 放松整理

（1）教师带领集体放松。

（2）游戏“天气预报”。

方法指导

教师喊“小雨”，学生拍手。

教师喊“中雨”，学生拍大臂。

教师喊“大雨”，学生拍大腿。

教师喊“暴雨”，学生跺脚。

2. 小结、讲评、下课

（略。）

◎评析　把立德树人贯穿在教学的每个环节

“50 米快速跑”是小学阶段的重要教学内容。本案例在准备部分安排“看谁反应快”“听数追拍”等游戏来代替传统的准备活动，既达到热身效果，还在潜移默化中让学生学习了起跑动作，实现了教学目标。在基本部分，教师改变以往的讲、学模式，首先让学生带着问题去练习，尝试采用各种姿势来起跑。然后，同学间互相总结、讨论，看看哪一种起跑的姿势比较快。再用游戏“长江，黄河”自然过渡到站立式起跑，让学生体验快速起跑的动作，提高学生参与的积极性。练习几次以后，教师正式引出本课的主题——站立式起跑，并采用游戏的比赛形式，使学生在一种宽松、和谐的氛围中巩固动作技术。

原本枯燥的教学内容，通过让学生自主探究、尝试、游戏的方式体现出来，更容易使学生接受。在活动中，教师注意培养学生听从指挥、遵守规则的意识，使学生在锻炼身体的同时养成勇于拼搏、团结合作的品质，真正落实立德树人根本任务，实现学生身心健康全面发展。

02　如何做到育体与育心、体育与健康教育相融合？

《课标 2022》提出：

➡ 重视育体与育心、体育与健康教育相融合，充分体现健身育人本质特征，引导学生形成健康与安全的意识及良好的生活方式，促进学生身心健康、体魄强健、全面发展。

理论阐释

体育与健康课程作为基础教育课程之一，课程教学理念由促进学生体质健康发展的育体课程逐渐变革为“健康第一”“立德树人”的育体与育心、体育与健康教育相融合的课程。

想要真正落实并实现“育体与育心、体育与健康教育相融合”，首先需要理解育体与育心相融合的内涵和体育与健康教育相融合的内涵。

1. “育体与育心相融合”的理论内涵与实践路径

什么是“育体与育心相融合”？随着“立德树人”教育要求在学校体育领域不断深入推行，体育课程的“育体”价值和“育心”功能更加深入地被开发出来，对学生强健体魄的塑造与正确价值观的导向起到积极推动作用。体育课程思政建设，已然成为帮助学生在体育锻炼中享受乐趣、增强体质、健全人格、锤炼意志的核心推力。

如何做到“育体与育心相融合”？教师要对体育课程教学内容与思想政治教育要求进行一体化构思和设计，使思想政治教育元素恰到好处地融入体育课程教学过程之中。

（1）培养学生爱国意识与积极进取精神。学校体育除了教授运动知识、技能和方法之外，体育文化教育也尤为重要，它包含了我国优秀运动员的精神风貌、为国顽强拼搏的意志等，教师在教授知识和技能的过程中要渗透宣讲优秀运动员的爱国事迹与拼搏精神，培养学生爱国情怀、积极进取与奋勇拼搏的精神。

（2）培养学生公平与公正意识。体育竞赛的公正性有助于培养学生处事公正的理念与信念。体育强调公平、公正和遵守规则，这是在体育活动中不断积累起来的情感体验，可以逐渐迁移和渗透到日常生活中。

（3）培养学生正确的竞赛胜负观。正确的竞赛胜负观有助于学生领悟胜负对人生的意义，并能潜移默化地改变他们的处事态度，正确对待人生中的成功与失败。

（4）培养学生合作精神与体育道德。学校各类体育活动中处处存在合作与竞争，学生经常参与这些体育活动有助于他们养成遵守体育道德规范与准则的习惯。

2. “体育与健康教育相融合”的理论内涵与实践路径

《课标 2022》中的“课程理念”及“健康教育”和“跨学科主题学习”等实质性地增加与渗透了大量有关中小学生健康素养的保健知识、方法和技能。

体育与健康教育相融合是为了更好地达到育人效果。如何做到体育与健康教育相融合？一是要立目标，以立德树人为根本，以学生发展核心素养为引领，以提高运动能力、形成健康的生活方式、养成良好的体育品德为目标，紧扣“健康第一”的教育理念，与体育的育人功能紧密联系，全面贯彻“体育为健康，健康促体育”的教育思路；二是要合规律，遵循学生身心发展规律和教育教学规律，面向全体，关注个体；三是要重互补，健康教育内容与体育横向融合，在健康生活方式、安全应急与避险救护、心理健康等板块中重点体现。

体育与健康课程的目标是提升学生的健康素养和体育素养，使学生形成健康的生活方式，以此预防和降低各种健康威胁。学生通过体育与健康课程在学校习得、活用和探究健康相关能力，有助于形成个人健康生活方式。

案例解读

案例 1–3 水平四：武术武德教学片段

【活动目的】

以“武德”为主线，在开展武术教学内容前，教师讲解抱拳礼的动作要求及其中蕴含的武德内容。之后每次上下课及正式场合都要行抱拳礼，日常见到师长行鞠躬礼，要求学生动作标准。以此引导学生在思想上形成尊师重道的品德意识，实现育体与育心相融合。

【活动实施】

师：今天我们一起来学习武术，大家知道学习武术首先要学习什么吗？

生：礼节！

师：大家说得不错。武术讲究“武德”，武术练习者会在每次上下课及正式场合行抱拳礼，日常见到师长行鞠躬礼。这是因为他们始终把“礼”作为练习内容。

生：那我们要给谁行礼啊？

师：这个问题问得好。我们练习武术，要讲究“武德”，向长辈、教练、老师、同学鞠躬施礼，养成发自内心的行礼习惯、恭敬谦虚的态度和互助互学的作风。

生：老师，我明白了！

师：好！下面老师给大家示范一下抱拳礼的动作要领。

教师讲解抱拳礼的动作要领，学生跃跃欲试。

师：左掌表示德、智、体、美“四育”齐备，屈拇指表示不自大，右掌表示勇武顽强；左掌掩右拳，表示“勇不滋事”“武不犯禁”；左掌右拳拢屈，两臂环抱成圆，表示五湖四海、天下武林是一家，以武会友；左掌为文，右拳为武，表示文武兼备。

生：原来抱拳礼蕴含这么多文化内涵啊！

◎评析　武术教学中的“武德”：育心与武术育体的巧妙融合

1.“武德”教育让学生了解中华武术文化，提高对武术的认知

通过武术教学中的“武德”教育，既让学生理解习武对身心健康的积极促进作用，也可使学生明确习武的最终目的是为了更好地参与国家建设和服务社会。教师以武术课为载体，对武术精神的内涵进行讲解，让学生深入了解中华武术精神，提高学生的武术认知水平，激发学生的学习热情。加入对武术文化的教育，不仅可以达到育体的目的，还可以培养学生的民族意识，充分发扬民族精神，树立文化自信，从武术文化中汲取更多的养分，从而达到育心的目的。

2. 将武术相关的体育理念巧妙地融入教学中

对体育课程教学内容与思想政治教育进行一体化构思和设计，做到思想政治教育融入培养目标、融入课程设计、融入教学环节，并提出明确要求。体育教师在日常教学中要恰当地渗透体育精神与体育文化，增设一些和人文知识有关的理论课程。同时，在教授每一个运动项目时，要将与之相关的体育理念、体育历史、体育文化作为授课内容，巧妙地融入教学中，丰富教学内容，增强课程吸引力。

案例 1-4　水平四：武术太极拳教学片段

本案例改编自禹明等人所著《中小学体育（体育与健康）教学活动设计案例精选》一书中的相关案例。

【活动目的】

以“太极忌太急”为主线，在武术教学中改善学生不良体态；通过动静结合

的教学模式，让学生在动静之间体会对自身行为能力的控制和对情绪的调节。

【活动实施】

师：每位同学是不是都有一个武侠梦啊？

生：是。影视剧中的大侠都好厉害，老师您能教我们几招吗？

师：影视剧中的大侠惩恶扬善，是我们学习的好榜样。但学习功夫不是为了去打架，更重要的是强身健体、调节身心。你们想想，平时是不是有很多人争强好胜、情绪易怒？有些人在生活和学习中能动不能静，甚至还有人经常和别人吵嘴甚至打架。

学生默默地点头。

师：今天我们学习以柔克刚的太极拳。练习太极拳可以舒缓精神，让我们变得心平气和。

师：请同学们闭目冥想，慢慢调整呼吸，吸气、呼气、吸气、呼气，慢慢睁开双眼。

教师通过语言暗示和调整，让学生进入一个相对平静的状态。之后开始太极拳教学，通过标准柔和的肢体语言吸引学生，让学生体会身心的舒展，注意身体姿态。

◎评析　健身育人协同发展

太极拳是我国民族体育项目之一，蕴含着丰富的中国传统文化和传统哲学思想，是儒释道文化的大融合。学生在学校习得、活用和探究太极拳知识，还可迁移到日常生活中，形成良好的个人生活方式。

本案例教师通过太极拳教学，使学生健身育人协同发展。一方面练习太极拳要求立身中正，通过拉伸筋骨以保持脊柱的中正，这一过程中脊柱的活动幅度得以提高，有利于保持良好的脊柱形态，学生通过练习可以改善体态，达到育体的目的；另一方面练习太极拳要求心静用意、精神贯注，大脑无其他思绪的干扰，可以提高学生对自身行为能力的觉知和对情绪的调节，保持一个相对稳定、健康的心态。特别是中学生受学业压力影响，再加上心智还不够成熟，经常会出现躁动、不安、焦虑的情绪，会对身心健康造成一定的影响。这时通过练习太极拳可帮助学生缓解情绪，有助于身心健康。

03 如何指导小学生形成健康和安全意识？

《课标 2022》提出：

- 落实立德树人根本任务，坚持“健康第一”教学理念。
- 引导学生形成健康与安全的意识及良好的生活方式。

理论阐释

将“落实立德树人根本任务，坚持‘健康第一’的教育理念”落实到课堂教学中，需要注重健康意识的引导、健康知识的融入、健康行为的养成、健康能力的形成。“健康第一”要真真切切地能够促进学生健康，而不能仅仅停留在理念层面，要能基于这种理念最终促进学生身心健康全面发展。

《课标 2022》充分考虑健康教育的重要性，增加了健康教育的课程内容。教师应重视学生个人生活与健康紧密相关的基本知识和方法，关注学生健康行为和安全生活技能的逐步形成。健康教育不容忽视，教师要深入研究如何指导学生形成健康和安全意识。

《课标 2022》中增加了关于健康教育主题的课程内容。健康教育覆盖整个义务教育阶段，旨在帮助学生培养健康意识，掌握健康知识、技能与方法，帮助学生逐步养成健康与安全的行为习惯和生活态度。健康教育包括健康行为与生活方式、生长发育与青春期保健、心理健康、疾病预防与突发公共卫生事件应对、安全应急与避险五个领域，主要帮助学生逐步养成健康与安全的行为习惯和生活态度。健康教育需要由体育与健康、道德与法治、科学、生物学、化学、地理、劳动、综合实践活动、信息科技等多门课程共同承担。体育与健康课程是落实健康教育的核心课程，是促进学生身心健康与全面发展的重要载体。

从培养安全意识的角度出发，体育教育在保障学生身体健康和生命安全方面发挥着巨大作用。但体育课在教学实践过程中往往也存在一些运动安全风险。基于此，体育教师可以从生命安全角度出发，对学生开展安全教育，让他们认识到生命的价值，形成积极的生命观；可以在体育课堂教学中强调运动风险防范，帮助学生形成安全意识，使他们更好地保护自身安全，健康成长。

案例解读

案例1–5　水平一：火灾自救教育教学片段

【活动目的】

（1）在设定的情境中进行走、跑、跳的基本技能练习，发展运动能力和身体素质，提升智力、思维等。

（2）在情境中掌握紧急情况下的自救方法，提高安全意识。

【活动实施】

◎环节1　创设情境，引出安全教育主题

教师描述故事情境，让学生思考故事中谁犯了错。

创设情境

有一天，光头强在家里吃烧烤，两只小动物吉吉和毛毛闻着香味来偷吃，被光头强发现。光头强拿枪追赶它们，吉吉被抓住了，吓坏了的毛毛去找熊大、熊二、蹦蹦、萝卜头求救。

小动物们来到了光头强的家，蹦蹦、毛毛、萝卜头吸引光头强的注意，熊大与熊二把吉吉救了出来，但熊二救出吉吉后看着烧烤不愿离开，偷吃了起来。光头强看见后，用枪追赶熊二，熊二反击的时候不小心碰倒了火炉。

光头强家里被火炉点燃了，他立刻跑回房间去取他的钱。熊二赶快跑出房间去找朋友们救火，小动物们飞快地跑了过来，用水打湿全身，冲进屋子，救出了光头强。在大家的努力下，大火终于被扑灭了。

生：熊二、吉吉、毛毛。

师：倒霉的光头强有没有错呢？

生：光头强有错，他用枪打小动物，还在着火的时候回房间拿钱。

师：同学们说得很好，如果我是光头强的话，一定先跑出房子寻找水源，然后做什么呢？

生：应该拨打 119 火警电话向消防员求救，没有通信工具时要向邻居求救，应该将淋湿的床单披在身上、用湿毛巾捂住口鼻逃生，在逃生途中保持匍匐前进或低头弯腰前进。

师：同学们回答得非常好！

◎环节 2 布置角色任务，进行情境表演

教师将学生分组，给每组学生分配角色。学生戴上面具进行情境表演，教师全程进行指导纠错，保障活动安全。

情境表演

·角色设置 学生 A、B、C、D、E、F、G 分别扮演光头强、熊大、熊二、吉吉、毛毛、蹦蹦、萝卜头。

·情节设置

（1）在熊大、熊二带着小动物们赶来营救吉吉的情节中，加入障碍跑环节，由起点出发经过“跨水坑”（跳跃体操垫）、“穿山洞”（钻过栏架）、“绕石头”（绕过三角障碍物）（见下图）。学生在表演故事情节的过程中巩固障碍跑的动作要领，提升基本运动能力，培养勇于克服困难的意志品质。

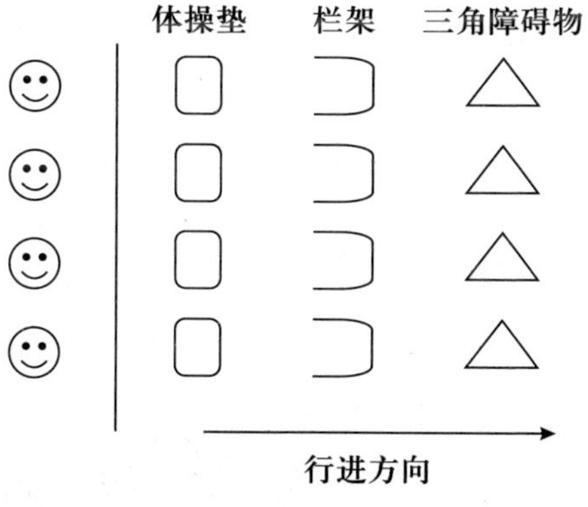

障碍跑示意图

（2）在小动物一起去救光头强的情节中，设置追逐跑，规定活动范围。

·活动要求 模拟发生火灾时的逃生氛围，扮演小动物的学生用正确的火灾逃生方法，捂住口鼻低头弯腰前进。

◎环节3 课堂总结

教师总结并补充火灾发生时的自救知识。

◎评析 运用情境教学法，掌握火灾自救知识

本案例以学生喜爱的动画片《熊出没》中的角色设置情境，可以较好地吸引学生的注意力，激发学习兴趣。教师通过创设情境、角色扮演、人物分析，让学生更清晰地意识到火灾的危险性，由此延伸，让他们在课堂上掌握发生火灾时的自救方法。

在环节1中，教师提出问题让学生思考，激发学生探索求知的欲望，发展学生自主解决问题的能力。

在环节2中，相关故事情节及障碍物的设置可以较好地提升学生走、跑、跳的基本运动能力，同时训练学生的专注力，符合小学生的身心特点。

低年级学生在意识发展水平上尚不成熟，他们想象力较为丰富，形象思维占主导地位。本节课采用情境教学法，学生随着故事情节的发展逐渐进入角色，教师顺利完成各个教学内容，实现教学目标。

案例解读

案例1–6 水平二：体育活动安全教育教学片段

【活动目的】

本课是体育活动安全演练小课堂，主要讲解运动中如何处理擦伤，提高学生安全第一的意识，增强面对突发状况的心理素质，做到沉着冷静不慌乱。

【活动实施】

◎环节 1 常见运动损伤类型科普

教师首先结合实例对运动损伤的类型进行介绍，按照伤后皮肤黏膜的完整性分为开放性损伤和闭合性损伤。开放性损伤：伤处皮肤或黏膜的完整性遭到破坏，有伤口与外界相通，如刺伤、切割伤及撕裂伤等；闭合性损伤：伤处皮肤或黏膜无破损，没有伤口与外界相通，如挫伤、肌肉拉伤及关节韧带损伤等。

◎环节 2 运动损伤处理教学

师：同学们，假如有同学跑步过程中不小心摔倒了，伤口出血并且沾上了沙子，这是什么损伤？

生：开放性损伤！

师：如果我们遇到这种情况应该采取什么样的方法处理伤口？

生：用酒精或紫药水消毒！

师：上药水之前需不需要将伤口清洗干净？

生：需要！

师：这种开放性损伤的伤口较浅、面积较小，可以用生理盐水清洗伤口，一般不需要包扎。伤口周围用 75% 的酒精消毒，然后擦红汞或紫药水，让伤口暴露在空气中自然干燥，也可覆以无菌纱布。

师：如果遇到伤口较深或者自己处理不了的情况，应该怎么办？

生：要主动寻求长辈的帮忙！

◎环节 3 学生实际操作演练

师：我们来总结一下，遇到伤口较浅的擦伤时，应该怎么处理？同学们能告诉老师吗？

生：我们应该按以下步骤操作：止血、清创、消毒。

师：同学们真棒！接下来两人一组，互相进行演练。

◎环节4 课堂总结

师生总结归纳，学生互相点评。

◎评析 创设生活情景，让知识“活”起来

本案例结合实例导入常见的运动损伤类型，创造实际生活情境，使学生意识到，在平时的运动过程中总是会存在一定的风险，这有利于培养学生的安全意识，重视运动损伤，在进行体育运动前做好热身运动，合理安排运动负荷量，从而减少或避免运动损伤的发生。

对擦伤伤口情境的实际操作演练，将理论与实践相结合，充分调动学生的学习积极性，让知识真正“活”起来，提高学生的实际动手能力。

通过学习，学生明白了运动损伤并不可怕，建立了处理应急损伤的信心，也提高了同学间的互帮互助和自我保护意识。今后若发生体育安全事故，如运动过程中出现擦伤等情况，学生能够正确、快速地进行处理。

04 体育与健康课程如何从“以知识与技能为本”向“以学生发展为本”转变?

《课标2022》提出：

➡ 体育与健康课程根据体育学习实践性和健康教育实用性的特点，强调从“以知识与技能为本”向“以学生发展为本”转变。创设丰富多彩、生动有趣的教学情境，倡导将教师的动作示范、重点讲解与学生的自主学习、合作学习、探究学习有机结合，将集体学练、小组学练与个人学练有机结合，注重将健康教育教学理论讲授、交流互动与实践应用相结合，激发学生的学习热情，帮助学生理解和掌握知识与技能，提高解决体育与健康实际问题的综合能力。

理论阐释

体育与健康课程不能仅以体育知识、动作技能、运动技术为中心，而忽视学生的身心特点、心理需求、情感体验和个体差异。体育与健康课程应根据学生生理、心理日趋成熟的特点，始终关注并满足学生的需要，重视学生的情感体验；始终关注学生学习方式的改变，重视提高学生自主学习、探究学习和合作学习的能力，以促进学生学会学习。

从课程设计到课程实施再到评价的各个环节，体育教师应始终把学生主动、全面的发展放在中心地位：一方面，发挥体育教学中教师的主导作用；另一方面，特别强调学生学习的主体地位，尊重学生的情感和需要，以充分发挥学生的学习积极性和学习潜能，培养学生的创新精神，提高学生的体育学习能力。

“以学生发展为本”要求教师帮助学生学会如何有效地学习，学会如何提高学习效果和提升学习能力；要求教师激发学生的学习兴趣，了解学生是否愿意学、学得是否愉快，思考怎样才能调动学生学习的积极性和主动性。学生在愉快的氛围中进行体育学习，其学习效果也必然大大提高。

“以学生发展为本”就要重视学生积极主动地学，克服传统教学中以教师为主体的模式，改变以往以教师详细讲解和示范运动技能为主，将知识灌输给学生的教学。这并不排斥教师在体育教学过程中的指导作用，教师在教学过程中仍须进行讲解和示范，指导学生纠正错误动作。但教师不能过分强调自己的作用，而是应转变角色，成为学生学习的引导者、组织者和帮助者，把课上的时间和空间更多地留给学生，使其进行自主学习、合作学习和探究学习，让学生充分地感受到体育课程的快乐。

例如，以学生主体性的“学、练、赛”为载体，通过教师与优秀学生示范、同伴互助、小组合作、团队协作、多媒体呈现、榜样引领等不同教学形式，使学生愉快地实现对体育运动技术的熟悉、理解、掌握，在课堂上以个人赛、小组赛、对抗赛、展示赛、趣味赛、特殊赛等形式组织教学进程。

在贯彻和落实“以学生发展为本”课程理念的新体育课程教学中，教师要注意防范另一种倾向的出现，防止体育课堂出现“放羊式”教学，对学生放任自流、不闻不问，这是不负责任的。教师应积极改进课堂教学，引导学生主动学习，营造师生平等互动、气氛活跃、充满乐趣的教学氛围。体育教师应具备更宽广的胸怀、更良好的沟通能力、更高超的教学能力、更好的综合素质以尽快适应新角色，加强学习，不断实践，善于总结，以改善自己的知识结构，提高综合素质，提升教学能力。

案例解读

案例1-7 水平四：田径快速跑教学设计

本案例由辽宁省大连经济技术开发区第三中学王升科老师提供。

在开展快速跑教学活动时，教师必须遵守“健康第一”的教育理念，坚持以学生为课堂教学的主体，充分发挥教师的主导作用。在练习过程中，教师要引导学生互相沟通和协作，培养学生的团队精神和良好的竞争意识，最大限度地提升学生的运动能力。

【教学内容】

快速跑是当前我国中学田径教学中的重要模块。快速跑的练习模式不仅可以提升学生的反应能力，还能在一定程度上培养学生奋发图强的精神。快速跑的教学内容主要有快速跑辅助练习和50米快速跑，教学对象为7年级学生。

【教学目标】

（1）丰富快速跑的练习形式，让学生对快速跑的学习产生兴趣。

（2）教会学生正确的身体姿势，较好地提升学生快速跑的水平。

（3）通过快速跑练习，增强学生腿部和身体其他相关部位的力量，培养学生的自我保护能力。

（4）采取自主研究的方式，让学生更自信。当学生遇到困难时，能积极自主地思考并分析问题，强化团队协作意识，积极主动参与，攻克难关。

【教学重点】

让学生使用前脚掌着地跑，保证跑步姿势的正确。

【教学难点】

让学生跑得更自然，保持身体的协调运动状态，摆腿要足够有力。

【案例背景】

体育与健康这门课程的教学内容比较多，如田径运动、球类运动等，若教师的教学模式过于单一，强制向学生输送各类知识，就会导致该课程的教学毫无新意，整体的课堂氛围枯燥烦闷。长此以往，就会导致一些学生逐渐远离体育锻炼，上课也会处于一种被动的状态。若学生长时间厌学，必然会影响他们体育锻炼的效果。

【教学流程】

创设“春游”的情境，设计去春游——培养学生良好的体育课堂常规；春游前的准备——激发学生的学习兴趣，集中注意力；去春游的路上——让学生体会脚前掌落地和大腿高抬的动作要领；和春天做游戏——让学生学习跑的动作方法；逛动物园——培养学生的模仿能力和敢于自我表现的意识；给动物送信——发展学生下肢力量；春游结束——让学生身心得到放松。

运用各种教学方法，让学生从无意识的自然跑到有意识的正确跑，由浅入深，层层推进，娱乐身心。运用自制的配乐散文朗诵，让学生从中领悟春的美丽，陶冶情操，同时根据散文意思做动作，达到身心放松的目的。在教学过程中，注意情境的创设与所要达到的教学目标之间的关系：在分组上，实行动态分组，有友伴型、帮教型、讨论型、探索型、合作型分组等；在活动时，让学生分组学习和体会蹲踞式起跑的动作要领，分别安排一些具有实效性的练习，让学生根据需要与发展情况选择练习组别；在比赛形式上，让学生根据自己的能力选择与教师、体育骨干或同学进行比赛。

【教学反思】

在体育教学中，教师应给学生足够的空间，倡导自主、合作，探究新的学习方式，以更有效地促进学生的发展，为学生终身体育打下良好基础。本教学设计的主要特点总结如下：①构思新颖，富有创造性；②故事情节与学习内容紧密结合，自然连贯，合理完整，中心突出，符合学生认知规律；③直观形象，教学方法多样化、情趣化；④教学过程中使用音乐，让学生在轻松愉悦的氛围中进行锻炼，寓教于乐。

◎评析 以学生为本，促全面发展

本案例从开始到结束，学生始终在教师创设的“春游”情境中进行活动，轻松愉快、不知不觉地完成快速跑这一相对枯燥又比较累的学习任务。整节课，学生逐一解决和实践教师设置的问题，既完成快速跑能力素质的锻炼，又开动脑筋，并根据个人能力的不同，逐步达到目标，感受成功的喜悦。春游是学生较为喜欢的一项活动，教师引导学生根据自己能力逐步实现“春游”，体现了教育的人文性。同时，教师将其他学科的知识也融入体育课中，融知识与兴趣于一体。所以，这是一个具有生活性、人文性与综合性的成功的体育教学设计。

本案例在教学组织上给予学生自由练习的时间，激发学生参与练习的兴趣，分层次突破重难点。这样的教学组织形式，可以实现真正意义上的多项信息交流，达到教师与学生共识、共享、共进，实现教学相长，让学生在体质增强的同时，身心也得到了愉悦。

分小组的群体活动，是课堂教学中采用最多的一种形式。学生在小组群体活动中，要和小组成员进行各种交流，还要互相配合进行各种活动，这实际上就是社会中人与人之间交往活动的缩影。教师设计这一环节就是让学生在练习中体验互相配合的重要性，使每个学生体验到单靠个人的力量是不够的，让学生在这一过程中充分感受自主与合作的乐趣，亲自体验活动的意义，感受“成功与失败都是收获，酸甜苦辣都有营养”的内涵。

05 如何落实“教会、勤练、常赛”要求？

《课标2022》提出：

➡ 体育与健康课程依据学生的学习需求和兴趣爱好，面向全体学生，落实“教会、勤练、常赛”要求，注重“学、练、赛”一体化教学。

理论阐释

1. “教会、勤练、常赛”的内涵

中共中央办公厅、国务院办公厅印发的《关于全面加强和改进新时代学校体育工作的意见》指出：义务教育阶段体育课程帮助学生掌握1～2项运动技能。这与《“健康中国2030”规划纲要》提出的“基本实现每个学生熟练掌握1项以上运动技能”的目标相呼应，并提出在义务教育阶段掌握1～2项运动技能的更高要求。“教会、勤练、常赛”则是实现这一目标的必然途径。“教会、勤练、常赛”的内涵见下表。

“教会、勤练、常赛”的具体内涵

具体内容	内　涵
教会	是理解、掌握和运用的综合体现，是指学生能够自主运用知识与技能，而不是简单地掌握。
勤练	是指学生养成经常反复练习的习惯，在此过程中掌握技能，巩固提高，增强体能。
常赛	是指在课内外、校内外给学生创设比赛环境，提高学生参加比赛的频率，激发学习兴趣、检验学练效果，帮助学生强化技能、学以致用。

可见，“教会”的主阵地是课内，“勤练”“常赛”则需要在课内外、校内外的综合环境下共同开展。而且体育课在师资、场地、器材等方面最具有保障性，因此体育与健康课程是落实“教会、勤练、常赛”的系统性、基础性阵地。

2. “教会、勤练、常赛”的实践路径

在体育与健康课堂中以“教会、勤练、常赛”为抓手，引导学生享受运动乐趣。教师将“教会、勤练、常赛”贯穿于课堂的始终，构建“学、练、赛”一体化的课程教学体系，创设学习、练习与运用有机结合的活动与情境，帮助学生在“学、练、赛”的过程中体验成功的喜悦和乐趣。

在落实“教会”的过程中，教师要遵循体育教学规律、学生的运动技能形成规律，循序渐进、因材施教、分层教学，教会学生健康与安全知识、基本运动技能、专项运动技能、体能锻炼方法。教会的程度依据学段目标确定，最终达到学生能够在日常生活或比赛场景中灵活自如地运用。

在落实“勤练”的过程中，教师要把握运动技能形成规律，根据不同项目、不同班额、不同场地器材等合理安排练习密度，科学把控运动强度，提高学生的运动效果。开展好大课间、课外活动和家庭体育锻炼，弥补课上练习的不足。根据不同学段学生特征，组织练习的方式应体现小学基础期趣味化、初中发展期多样化、高中提高期专项化等特点。增加学生练习时间，激励学生在课外主动练习，注重动作正确和安全保障。

在落实“常赛”的过程中，教师要依据青少年学生争强好胜、乐于表现等心理特点，充分满足学生运动需求，面向全体学生，根据体育教学内容合理组织每堂课上的教学比赛，结合体育课堂教学组建班队，利用周末组织全校体育比赛。做到教学比赛课课有，运动竞赛常常在，周周、月月、季季、年年有比赛。

在贯彻“教会、勤练、常赛”的全过程中，教师应充分挖掘“教会、勤练”的致趣因素，引导学生主动学练、善于学练，乐在其中，为学生在“常赛”环节中更好地享受运动乐趣做好铺垫，落实好引导学生享受运动乐趣的课程理念。

此外，教会、勤练、常赛三者之间不是相互独立的，而是相互联系、相互影响的。“教会”是基础和前提，“勤练”是提高与保障，“常赛”是检验与运用。在此基础上，教师应合理分配三者的时间比例，在保证“教会、勤练”的同时，保障更益于学生享受运动乐趣的“常赛”，发挥三者联动的综合作用。在单元安排上合理分配分别侧重于三者的课时比例。在课堂实践中还要结合学情和学习效果及时调整，包括用什么方式“教会”，学生掌握到什么程度可以进入“勤练”环节；采用什么方式“勤练”，练到什么水平可以组织“常赛”；“常赛”的内容、形式、时间和频率如何把握；等等。

案例解读

案例 1–8 水平三：足球头顶球教学设计

◎新授课 着重“教会”（1课时）

基于教材分析与学情分析，教师在新授课中使用气排球代替足球教学，通过讲解和示范引导学生掌握判断落点、脚步移动和准确触球三个关键点，帮助学生初步掌握前额正面头顶球基本动作，促进学生积极参与、乐于学练、学有成效。

◎复习课　着重“勤练”（3课时）

在复习课中，教师安排“左右移动＋前额正面头顶球”“直线跑动＋原地前额正面头顶球”“直线助跑起跳＋前额正面头顶球”等组合练习，根据不同课次教学目标，让学生在不同难度组合练习中循序渐进地学习。例如，在第二课时安排“左右移动＋前额正面头顶球”练习，学生两人一组相距2米站立，一人抛球，另一人左右移动两步后用前额正面顶球，连续成功三次后可尝试左右移动多步或相距3米进行练习，提示学生通过改变距离和步伐让组合练习更多样，更具自主性、创造性，学生在高密度、高强度的双人合作练习中实现“勤练”。在“勤练”过程中还可运用分层教学法引导学生根据自身能力选择难度，如在“直线助跑起跳＋前额正面头顶球”练习中，学生可选择缩短助跑距离或头顶固定球来提高成功率，以帮助学生在合作练习中增强信心，坚持“勤练”。

◎运用课　着重“常赛”（2课时）

教师根据学生掌握动作技术的实际情况组织分层游戏和比赛，以满足不同能力基础学生的发展需求。分层游戏可安排30秒原地前额正面头顶球射门，一人距球门一定距离面向球门站立，一人站于一侧抛球。熟练掌握的学生在距球门4米处头顶球，基本掌握的学生在距球门3米处头顶球，同一场地内的学生可相互切磋学习。分层比赛可设置未熟练掌握头顶球的学生头顶球得分为5分，熟练掌握头顶球的学生头顶球得分为3分，其他方式进球得1分，以此激励学生更多地运用头顶球技术。

◎评析　单元教学统筹兼顾“教会、勤练、常赛”

足球头顶球教学设计展示了如何在单元教学中落实“教会、勤练、常赛”。本案例中，教师为了在单元教学中突出技能主线，贯穿一体化技能教学，合理地分配了“教会”“勤练”“常赛”的课时数量。

在着重“教会”的新授课中，教师以教材分析和学情分析为前提，通过器材的合理变换和关键技术要点的讲授，帮助学生消减恐惧心理，使其更快地习得技术动作，获得初步成功的喜悦。

在着重“勤练”的复习课中，教师安排难度递进的三组练习，符合学生的运动技能形成规律。考虑学生的个体差异，做到了因材施教，引导不同运动基础和学习能力的学生自主选择适合自己的练习内容，使学生能够在保证动作正确与完成率的同时勤加练习，帮助学生在每一次成功完成动作和难度进阶时获得成功的喜悦。

在着重“常赛”的运用课中，教师同样注重学生个体差异，将分层教学渗透到游戏和比赛之中，激励学生运用新技术的同时，关照能力稍弱的学生，促进全体学生参与比赛并享受乐趣。

案例 1-9 水平四：篮球传接球教学片段

◎“教会”环节 掌握技术要点，简单体验动作方法

教师通过讲解示范或使用视频、挂图、卡片等，介绍相关技术动作在比赛中的运用场景，并引导学生归纳总结运用技术动作的目的和作用，如使篮球脱离人员密集区，快攻时将球快速推进到前场，将球传给无人盯防的队友创造投篮机会等。随后，教师讲解各种传球和接球的技术动作及运用要求，并简单带领学生进行练习，引导学生总结传接球的要点，如传球要精准、出其不意、找到防守空当进行传球；接球要彼此呼应，要积极跑动创造接球路线等。

◎“勤练”环节 置身比赛环境进行练习，注重动作正确性

教师以应用为导向安排练习内容，注重精讲多练。在学生练习一段时间后，教师一定要叫停，根据学生练习情况提出技术应用的问题，快速引导学生归纳总结传接球技术在特定比赛情境中是如何使用的，之后继续进行相同的练习，让学生进一步体验技术的正确应用。在练习中，教师可根据学生反馈的情况因材施教，安排有针对性的技术规范练习。

· **练习内容** “两传一抢”游戏。

· **练习要求** 所有学生分为若干组，三人一组，每组1个篮球，两人传球，一人在两名传球者之间抢截球，持球者不可持球走动或运球。防守队员如能利用手部触球，就算抢截成功，被成功抢截的传球者变成抢球者。

·教师指导 教师在学生练习过程中适时叫停练习，并让学生思考应该怎样将球安全传出、接球队员应如何协助队友传球，引导学生得出：①安全把球传出需要观察防守队员的动作，寻找机会用准确快速传球动作传球。防守队员重心低，就采用过顶传球，如果防守队员伸双手，就可以采用体侧传球等。②协助队友传球应该移动自己的位置，变换传球路线，同时与队员呼应，使防守队员难以防范等。

◎"常赛"环节 由降低难度的比赛逐渐过渡到正式比赛

首先进行修改过规则的难度较低的比赛，再逐步过渡到正式的三对三篮球赛和标准的5人制篮球赛。

难度较低的三对三篮球赛

·比赛要求 六人一组，三人进攻，两人防守，一人学生替补。每组1个篮球。必须进攻传球三次以上才能投篮，球进得2分，球未进但碰篮网、篮板或篮筐得1分，累计5分后交换攻防。

·比赛提示 进攻方重点强调本课练习的传球和接球的要求；防守方重点强调对持球人的防守；对无球人防守和投篮不做明确要求。

◎评析 在"学、练、赛"一体化中掌握运动技能

本案例是篮球传接球技术课，展示了如何在课堂中落实"教会、勤练、常赛"。在"教会"环节，教师通过各种讲解、示范来引导学生思考、总结，进而掌握技术要点。在"勤练"环节，教师为学生创造在比赛中运用技术的环境进行练习，适时地向学生提问，引导学生在练习中思考，在思考中进步。在"常赛"环节，教师遵循运动技能形成规律，通过修改规则降低比赛难度，循序渐进地安排难度递增的比赛。由此可见，落实"教会、勤练、常赛"的课堂不仅关注学生的技术学练，还注重在比赛中培养学生的技术运用能力。为了实现"学、练、赛"一体化，教学形式和内容需要更加丰富，各教学环节需要更加连贯顺畅。只有这样，学生才能在课堂上由被动学习逐渐转向主动学习，在充分发挥主观能动性的同时享受运动乐趣。

两个案例分别从单元维度和课堂维度展示了“教会、勤练、常赛”的具体措施。从单元维度来看，课时比例侧重在复习课和运用课，贯彻落实了勤练与常赛。从课堂维度来看，一体化的学习模式有利于学生在“学、练、赛”的过程中，掌握运动技能并享受运动乐趣。

06 课堂学练中对学生的激励如何做到“适时、适度、有效”？

《课标 2022》提出：

➡ 体育与健康课程在高度关注对所有学生进行激励与指导的基础上，针对不同身体条件、运动基础和兴趣爱好的学生因材施教；提出不同的学习目标，选择适宜的教学内容，采用多样的教学方法与学习评价方式，为学生创造公平的学习机会，促进每一位学生产生良好的学练体验，增强学习的自信心，在原有的基础上获得更好发展。

理论阐释

教学的艺术不在于传授本领，而在于激励、唤醒、鼓舞。我们每个人都有这样的心理体验：当我们受到肯定、激励和夸奖时，心里就会觉得舒坦，增强信心；当我们受到否定、批评时，情绪便会沮丧、低落，容易失去信心。因此，体育教学中的激励教育要在尊重学生主体性的基础上，通过创造各种优化的外部条件，激发学生的内驱力以及潜能，培养学生的主体精神，从而促使学生主动发展。在体育教学中最常用的激励方法就是语言激励法（见下页图）。

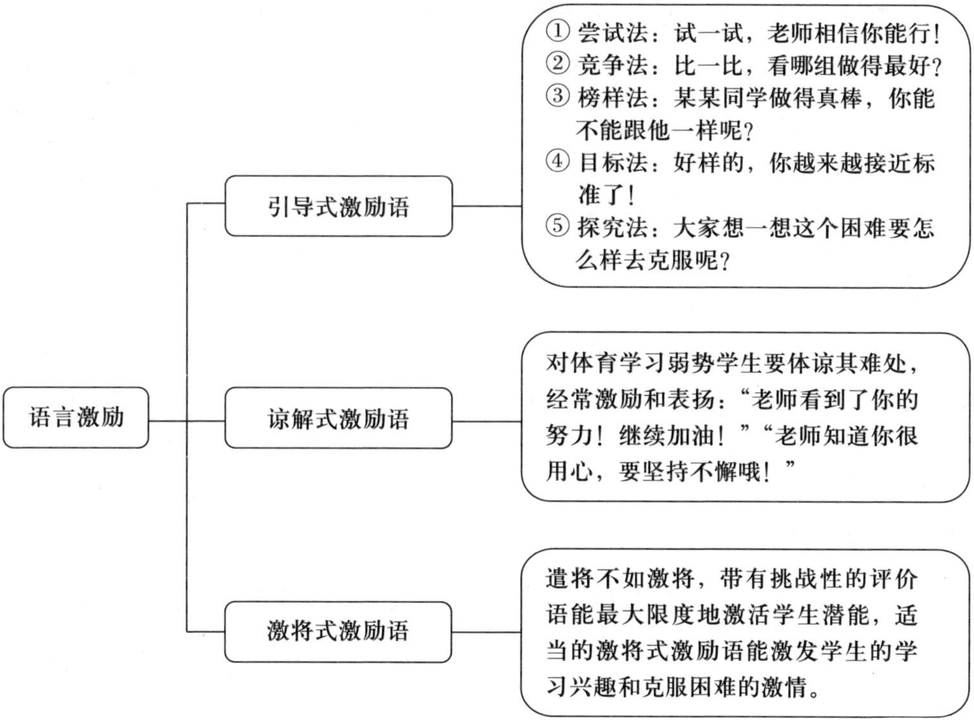

语言激励的分类

1. 将激励适时融入到课堂学练中，培养学生的意志品质

激励要及时、充分，在学生有了好的行为时应马上给予表扬。行为主义学习理论表明：后果紧跟行为比后果延缓要有效很多，所以在适当的时机对学生进行激励，可以达到事半功倍的效果，相反则事倍功半。因此，在日常的体育课堂中，教师应适时地给学生以激励。例如，当学生遇到较危险或动作难度较大的项目时，当学生在学习和训练的过程中表现出怕苦、怕累、怕脏或不怕苦、不怕累、不怕脏时，当学生充满了好奇心，产生求知欲，或多思善问，能独立解决问题时，当学生正确、优美地完成技术动作，表现出坚强意志，或遇到挫折和失败时，当课堂上发生突发事件，如学生摔倒或受到嘲笑和不公正对待时，当学生身体素质差、性格内向、思想消极、掌握技术动作慢、对动作完成信心不足时，我们都可以运用语言、肢体动作以及榜样示范等方式对学生进行激励，培养其自信、勇敢、果断的意志品质，达到预期的教学效果。

2. 将激励适度融入到课堂学练中，激发学生的学习兴趣

教师还应注意在体育教学中适当有度地运用激励，以达到好的激励效果。适当有度的激励，能起到以点带面的作用。但如果教师不考虑客观的教学内容，在学生尚未成功或者进步的时候，表扬就如同雪片一样，会破坏良好的学习氛围，不但起不到促进作用，反而会让学生有所质疑，认为教师是在讽刺、挖苦他。教师在表扬和激励学生的时候还要结合学生的性格，针对学生的个性选择不同的激励方式，如对性格内向的学生，点到为止的表扬就会有很好的效果；而对于性格外向的学生，旗帜鲜明、大张旗鼓地表扬，才能发挥出表扬的功效。教师不仅要成为学生发展的促进者和引导者，更应该是学生成长的放大镜，细心地发现他们身上的闪光点，用真挚、亲切的激励方式进行教育，让学生充满自信地展示自我。有时候，教师一个适度的激励也许就会成为学生在体育学习过程中的重要转折点。

3. 将激励有效运用到课堂学练中，构建和谐的师生关系

教师能适时、适度地进行激励，将其灵活运用到体育课堂的教学中，能有效提升体育教学的效果，从而促进师生关系的和谐。教师在激励的过程中，可以对学生提出更高要求、指明努力方向，促使其正确地看待成绩和进步；尊重并重视学生的个体差异，激励在面向全体学生的同时还要照顾到学习相对困难的学生，这种“照顾”不是偏向，而是对部分学生给予关注。教师以肯定、赞赏的口吻激励学生，会在学生的心灵深处唤起他们的成功感和自信心。相反，如果教师用漫不经心或轻视的语气，就会刺伤学生的自尊，使其产生抵触情绪，甚至导致精神消沉，进而对体育课产生反感甚至厌恶的心理，失去学习的动力。所以，教师应根据学生的表现灵活运用不同的激励手段，使学生受到激励，营造一个学生都跃跃欲试、争先恐后的练习氛围，同时使不同程度的学生都能认真地对待每次练习，使课堂练习充分、学习氛围浓厚、练习效果突出，构建和谐的师生关系，为实现教学目标创设良好的人文环境。

案例解读

案例 1–10　水平四：田径耐久跑教学片段

本案例改编自佛山市广东碧桂园学校刘利老师的相关课堂设计内容。

学生分成两组进行“五子棋”游戏。每组前五名学生手持棋子，用接力的方式依次放置棋子，先把五个同一颜色的棋子连成直线的队伍获胜。活动示意见下图。

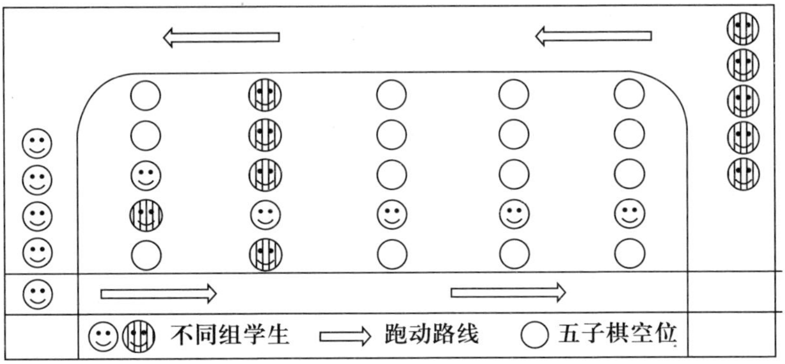

“团队五子棋”队形图

学生进行团队“五子棋”练习。练习前期，学生状态较好。

师：大家调整心态，坚持住。加油！加油！

师：加油！加油！这是一场体力与智慧的较量。

团队“五子棋”练习中期，个别学生出现“极点”现象。

师：大家表现得都不错，继续加油！

师：（针对个别的学生）感觉还可以吗？不错！加油！加油！

团队“五子棋”练习后期，多数学生体力消耗较大，出现运动疲劳。

师：有的同学在激励自己的队友，非常棒！

师：其他的队友在帮忙出谋划策，加油！加油！

学生根据教师指令，结束团队“五子棋”练习。

师：大家把掌声送给一直在坚持的同学，你们真的非常棒！

◎**评析　结合游戏巧用激励的指向性**

在耐久跑的课堂中，教师采用了“五子棋”的团队游戏，不仅能够增强学生耐久跑的能力，也培养了他们的团队协作能力和坚强意志。教师在游戏过程中抓住时机，适时地用话语激励学生，促进学生产生良好的学练体验。在日常的教学中，我们也应该注意抓好课堂中的每一个环节，注意激励的指向性、适度性及目标性，逐步激励，逐步完成目标。

案例1-11　水平四：田径双手前掷实心球教学片段

教师在教完基本的动作技术后，让A和B两名学生出列展示。

师：A同学的身体素质特别好，所以投得很远，但是老师觉得动作还不够标准，出手的角度有点低，如果改正一下就更好了。B同学虽然身体素质不太突出，但是动作特别标准，如果多多练习增强身体素质，提高上肢力量，老师相信你会投得更远的。同学们，我们每个人的身体素质都不一样，对动作的掌握程度也不一样，但只要我们明确自己的问题，努力纠正并勤加练习，一定都会投得更远的。接下来的练习大家要互相观察同伴的动作，看看存在什么问题。下面大家开始练习吧！

◎**评析　课堂激励要注意学生的差异性**

在原地双手前掷实心球的课堂中，教师设置了“比谁投得远”的环节，选出两名学生进行展示。展示结束后，教师分别针对两名学生的优缺点进行点评，并加以适时的激励，有效提高课堂学习的效果。在日常的教学中，我们也要针对不同学生采用不同的话语进行激励，从而使每位学生都能认真地对待每次练习，达到更好的教学效果。

案例1-12　水平四：原地单手肩上投篮教学片段

学生进行热身跑。

师：加油！不错！坚持住！

学生进行原地单手肩上投篮徒手模仿练习、两人合作练习。

师：好！不错！加油！加油！你是最棒的！

学生进行课课练的体能加强。

师：加油！加油！坚持住！

师生进行课堂小结。

师：本节课我们学习的是篮球单手肩上投篮，大家表现得都非常好，希望大家回去之后多多练习。在上节课行进间运球中，李华同学表现得特别棒，大家把掌声送给他！

◎评析 课堂激励要注意明确性及时效性

1. 激励须明确、具体，减少模糊激励词语

虽然教师在篮球单手肩上投篮教学的每一个环节都运用了激励的话语，但是激励的词语大多为“加油、不错、很好、非常棒”等，过于模糊，不够具体，不能够很好地激发学生的激情。适量的激励能起到以点带面的作用，但如果不考虑客观教学内容，只给予大量随意、模糊的激励语言，起不到激励的作用。

2. 激励须掌握时机，避免错过最佳时机

在课堂小结中，教师只是笼统地说学生表现得不错，同时表扬了上一节课表现好的学生。对于受到表扬的学生来说，这一并不适时的激励起不到应有的效果。激励要及时并有一定的针对性，学生有了好的行为，教师应该马上给予表扬。此刻及时的激励，学生一定感触较深，记忆深刻。及时表扬对被表扬的人和其他学生都会产生较大的影响。

教师在体育课程中要运用有效的教学方法，活跃课堂气氛，根据学生的表现灵活选择运用不同的激励手段，促进学生产生良好的学练体验，增强学生体育学习的自信心和自尊心，努力使每一名学生都能够在学习中获得进步与发展。通过有效激励和无效激励的案例对比，我们可以发现越来越多的教师意识到激励教育在教学中的作用，并有意识地在教学中渗透激励教育。但是并非所有的激励教育都能取得令人满意的效果，它有时也会陷入误区。因此，在体育教学中教师应注意激励的适时、适度、有效。

07 在初中体育教学中，如何通过差异化教学让学生全员参与并获得成功体验？

《课标 2022》提出：

➡ 关注学生个体差异，关注对所有学生进行激励与指导的基础上，针对不同身体条件、运动基础和兴趣爱好的学生因材施教；提出不同的学习目标，选择适宜的教学内容，采用多样的教学方法与学习评价方式，为学生创造公平的学习机会，促进每一位学生产生良好的学练体验，增强学习的自信心，在原有的基础上获得更好的发展。

理论阐释

差异化教学承认学生之间的差异性，尊重学生个性的发展。在初中阶段的体育课教学中，学生已经表现出明显的差异，差异化教学有助于体育教学目标的实现。教师应将学生个体差异视为教学的组成要素，设计差异化的教学内容。

1. 差异化教学的内涵

（1）承认并尊重学生的差异性。正如世界上没有两片相同的树叶，学生的学习兴趣、基础素质、性格特质也不尽相同。教师要在尊重和善待差异的基础上利用和发展差异，将学生个别差异视为教学的组成要素，设计差异化的教学内容、活动过程与结果评价，促进学生的多元化发展，这是开展差异化教学的关键。

（2）面向全体学生，在注重群体发展的基础上满足学生个体需求。教师应在群体基础上通过对教学形式的完善来满足学生的不同需求，及时有效地采取差异性措施，设计教学内容和教学方法，这是落实差异化教学的途径。

（3）使每位学生有获得感。差异化教学设计应立足学生差异，满足学生的个别需要，使每个学生在原有水平的基础上得到充分发展和提升，使他们在学习过程中有参与感、获得感，这是差异化教学的价值所在。

2. 体育教学中差异化教学的价值

体育教学通常是围绕体育项目及运动技能、技巧展开的。由于学生身体素质、运动习惯、学习兴趣和性格特点等方面的情况各不相同，理解学生的实际需求，根据个体差异进行有针对性的体育教学，才能实现素质教育，促进全体学生身体健康发展、养成良好的运动习惯。

体育教学中采用差异化教学体现了对学生个体化差异的充分尊重，能够更好地发掘学生的技能水平，从而明确更适切的发展方向。通过教师有组织、有计划、有针对性的教学，学生能够更好地掌握体育技能。

体育教学中采用差异化教学可以提升课堂质量，面向全体学生的差异化教学能够让每个学生在学习过程中满足自己的需求，做自己力所能及的练习，从而产生获得感，同时也有利于维护学生的自信心和自尊心。

3. 体育教学中差异化教学的实施路径

差异化教学在体育教学中意义非凡，是推动全体学生参与、学习和提升的重要途径。在实际教学过程中如何实施差异化教学呢？

（1）新授内容前置学习。前置学习的核心思想就是在上课前，学生根据对所学内容的认识尝试进行探索学习，这有助于学生对自身水平的了解。前置学习能够让学生寻找与自己水平相符的切入点进行探索，一方面有利于学生探索能力的提升，另一方面也有利于教师对学生的情况进行观察和了解。

（2）分层次进行练习。课堂教学中，教师依据学生的不同特点，分小组、分层次进行不同练习，让全体学生充分融入学习和练习中，让学习更具有目的性和针对性，从而使课堂教学较为全面、有效，达到差异化教学的目的。

（3）差异化练习。课上课下的练习是体育技能学习和掌握的关键，教师应根据不同学生的身体素质和能力水平设置多种难易程度不等的针对性练习，供学生自主选择，力求做到因人而异、多样择取，让学生在自身可控的范围内进行练习，提升不同层次学生的学习效果，让学生在掌握技能的基础上都有所获得，取得进步。

案例解读

案例 1–13　水平四：篮球原地双手胸前传接球教学片段

本节课教师对学生练习情况进行细致观察，从动作技能的掌握切入，通过颜色分组，为不同掌握程度的学生设置有针对性的练习，使每位学生都产生良好的学练体验，学有所得。

本次授课内容为篮球原地双手胸前传接球。教师带领学生进行球操和专门性练习之后，进行动作要领的讲解示范。讲解结束后教师带领学生开始两轮练习，第一轮为两人一组的对传练习。练习过程中，教师通过对学生传接球手型、发力顺序、传接球距离、方向等的观察，判断学生对动作的掌握情况，了解学生易犯的错误，通过给每名学生贴上不同颜色的贴纸为第二轮练习做好分组。

师：同学们练习得都很好，老师根据大家对技术的掌握程度，给每一位同学都贴上了颜色不同的贴纸。下面我们根据贴纸颜色分组进行下一轮练习。

生：老师，不同颜色贴纸分别代表了什么?

师：不同颜色的贴纸代表同学们对技术的掌握程度不同，红色贴纸的同学在传球过程中蹬地发力不充分、后引缓冲不到位。

生：老师，那我们怎么练习呢?

师：红色组两人一组手对手，进行传接球练习，一人蹬地发力传球，另一人收臂泄力，两人交替进行。绿色组同学动作环节相对完整，发力也比较正确。你们练习“之”字形传球，练习时找一名同学进行断球干扰，尽量不要被断球。

◎评析　差异化教学使学生在原有基础上都能获得发展

本案例中教师以学生对技术动作的掌握程度和身体条件为切入点，设置不同难度的练习内容，为全体学生提供了适宜的练习方法。

1. 细致观察寻差异

教师讲解示范结束后，第一轮进行了集体练习，主要是为了让学生进行尝试，同时熟悉完整的技术动作。第一轮练习过程中教师的细致观察是第二轮分组练习的重要支撑。教师通过观察学生练习的情况，力求发现学生对动作的掌握程度等方面的个体差异，为进一步的学习明确针对性的练习手段，并为分组提供依据。

2. 巧用贴纸进行针对性练习

绿色贴纸的学生对技术动作的掌握程度整体较好、完成度较高，所以教师在第二轮练习中为其选择了更高难度的“之”字形传球，练习时再加上断球同学的干扰，进一步提升难度，引导其更好地理解和合理运用技术动作；红色贴纸的学生普遍存在传球过程中蹬地发力不充分、后引缓冲不到位的问题，所以教师设置了徒手对抗传接球的练习，主要是进行针对性的纠正，引导学生体会正确动作及发力方式。

针对学生掌握程度和共性问题而采用的分组练习，为不同水平的学生选择了具有针对性的练习内容和练习方法，为学生创造公平的学习机会，每个人在原有基础上都能获得更好发展，有利于学生更好地掌握技术动作，更有利于学生在练习过程中产生获得感。

案例 1–14 水平四：田径跨栏跑教学片段

本案例由黑龙江哈尔滨师范大学附属中学华静老师提供。

> 本节课教师通过设置不同难度的练习，根据学生掌握情况和练习情况进行分组，组织学生根据自身情况选择适合自己的难度练习，让每一名学生都学有所得。

本次授课内容为跨栏跑。学生在教师的带领下进行热身后，伴随音乐，利用提前准备好的栏架和垫子进行跨栏坐练习。随后教师结合跨栏坐的动作对跨栏跑进行讲解示范，组织学生分别进行两人一组的原地模仿起跨腿练习、走动中栏侧模仿练习、慢跑中栏侧模仿练习，练习过程中教师观察学生的掌握情况并进行分组。

师：我们刚刚做的四个练习的难度是逐步提高的。同学们能完成哪一个练习？有遇到什么问题吗？

生：都能完成！我想尝试从栏的中间过去。

生：慢跑起来就有点不知道怎么做动作了。虽然是从栏侧练习，但还是有点害怕。

师：循序渐进地来，大家都很棒了！接下来老师给大家准备了三个不同难度的练习，第一个练习的内容是走动中栏侧起跨腿，第二个是慢跑中栏侧起跨腿，第三个是慢跑中跨越低栏。大家根据老师刚才给每一个人的分组，选择适合自己的难度继续练习。

生：老师，我们组已经都掌握了第一个练习的内容，您帮我们看看可不可以进行第二个练习。

师：第一组的同学进步非常大，可以进行第二个练习慢跑中栏侧起跨腿，练习的过程中要注意安全。其他同学也可以根据练习情况进行下一个难度的练习。

◎评析　在多维度、多水平的练习中开展差异化教学

本案例中，教师结合专项准备活动为学生学习跨栏技术做好准备，通过设置递进难度的练习引导不同水平和能力的学生进行学习，让每个学生在课堂上都能掌握练习动作，进一步提升运动空间。

1. 专项准备做导入

教师巧妙地将跨栏跑相关动作融入专项准备活动中，引导学生在热身中熟悉栏架，在准备中接触技术动作，为学生学习跨栏动作打好基础。专项准备活动作为导入，一方面可以让学生熟悉难度较高的技术动作，另一方面也可以让教师在此过程中对学生的个人情况作出初步判断，便于针对学生的差异性设置适切的练习手段。

2. 递进难度预分组

讲解示范后，教师先组织学生进行难度递进的四个练习，在练习过程中观察每个学生的动作掌握情况和练习情况，然后为每个学生进行预分组。这部分的练习均采用栏侧练习，主要是考虑到学生对栏架的恐惧心理，递增的难度可以让不同基础的学生都得到相应水平的练习，为学生创造公平的学习机会。教师设置不同练习难度并据此进行预分组，是将学生进行了分层，让练习更有针对性。

3. 自由选择兴致高

练习完成后，教师又准备了三个不同难度的练习内容，供学生结合分组和自

身情况进行自由选择。该环节教师主要根据不同学生对动作的掌握情况、体能和学习态度进行分层教学，为掌握情况比较好、学习态度积极的学生设置慢跑中跨越低栏的练习，一方面满足了他们的学习热情和需求，另一方面提高了练习难度，促进其技能的掌握；为掌握情况一般的学生设置慢跑中栏侧起跨腿练习，使学生在基本掌握技术的基础上逐渐熟悉跑动过栏，为慢跑中跨越低栏做好准备；为心理恐惧较大、不敢跨栏的学生设置走动中栏侧起跨腿练习，引导其逐步克服恐惧心理，提高练习难度。

通过这样的根据学生不同掌握情况和学习态度的分层练习，教师可以关注到学生的身体素质、学习情况和心理状态多个方面的差异，让每个学生都能找到适合自身的练习，并不断向更高难度的练习努力，都能在自信中学习，逐步加强对技能的掌握，在原有基础上获得更好的发展。

以上两个案例都很好地展现了差异化教学在体育学习中的应用过程和积极作用，教师为不同学生设置适合自身的学习内容和练习方式，一定程度上保护了学习相对较慢的学生的自尊心，同时有助于他们树立自信心；另一方面也为学习较快的学生提供了更大的挑战和提升空间。让每个学生在学习过程中都学有所获、学有所得。

08 如何让体育走进学生的课余生活?

《课标 2022》提出：

➡ 体育与健康课程根据体育学习实践性和健康教育实用性的特点，强调从“以知识与技能为本”向“以学生发展为本”转变。

➡ 强调引导学生将体育与健康知识、技能和方法运用到体育学习、体育锻炼、运动竞赛和日常生活中，增强学生的理解能力和实践能力。

理论阐释

让体育走进学生的课余生活，指明了学校体育不能脱离学生的生活世界。学校体育应让学生形成体育之生活方式，促进学生自我意识的形成。

随着“双减”政策的落地和课程改革的不断深入，可供中小学生自由支配的课余时间越来越多。据初步估算，一年中学生课余自由支配的时间长达 170 天左右。大量余暇时间的科学、合理安排对学生全面发展至关重要，因为课余生活是学生生活的重要组成部分，也是缓解学生学习压力的有效途径。丰富多彩的课余活动，对培养和教育学生、促进学生全面发展具有重要的意义。

近年来，国家对青少年体质健康状况高度关注，出台了一系列政策、办法，中小学生体质健康状况连续下滑的趋势得到初步遏制，但形势仍然十分严峻。余暇时间参与体育锻炼是促进学生体质健康的重要途径之一。统计数据显示，课余生活中积极参与体育锻炼会对学生的学业成就、情绪状态、人际沟通、自信程度产生积极的影响。所以，应让体育运动充实学生课余生活，使学生养成良好的体育锻炼习惯、树立健康的生活方式。

体育是人和谐发展的一个重要内容，体育教育更不能脱离生活。如何让体育走进学生的课余生活？

1. 培养学生终身体育的意识

从教师层面看，体育教师需要更新思想观念，深刻领会终身体育教育的内涵。从学生层面看，学生要深刻理解终身体育是个人健康生存的需要。提高自身社会竞争力，不能单纯靠知识水平，还要评估身体素养。教师应向学生渗透终身体育的意识，使他们对体育产生浓厚的兴趣、深切的爱好和强烈的情感体验，唤起他们对终身体育的主动、热情和追求。

2. 课内外一体化

课内外一体化指向学校课内教育教学环境与课外学习环境的相互一致性行为，是根据当前社会的实际需要和教育教学的具体要求，转变原本单一的教学模式，实现课内外、校内外的协同合作。课内学习形式与课外补习模式能相互促进与影响，体育教师要利用学校教育教学资源与环境，对学生的学习内容与方法予以专业化指导，配合课外体育训练与巩固，多管齐下地提升学生学习效率，增强学校体育教学的有效性。

3. 体育生活化教学

体育生活化教学是指将学生体育需求与创造能力相结合，通过模拟生活情境、增加教学开放度、体现学生主体地位来激发学生的自主创新能力，促进体育教学发展。体育生活化教学理念将个体人本价值取向纳入教学规划中，倡导对学生个体体育需求的满足，使学生能真正享受体育运动带来的乐趣和精神愉悦。

4. 增加体育竞赛

国家体育总局印发的《“十四五”体育发展规划》指出，利用课余、周末、假期时间组织校内、校际、跨区域及全国性比赛，激励各运动项目创办高水平青少年赛事活动，让学生在体育锻炼中享受竞争与表现的乐趣，实现从激发兴趣到形成志趣、享受乐趣的层层深入。教师应通过组织游戏、增加竞赛、丰富内容、激励自主等方式，提高学生体育锻炼的积极性、主动性、自觉性和持久性，帮助学生有效锻炼、掌握技能、提高能力、体验成功，使其真正能够乐在其中。

5. 利用冬、夏令营活动，开展体育运动技能培训

体育冬、夏令营能激励广大青少年走出家门，积极参与到体育活动中。让青少年在体育冬、夏令营中提升运动兴趣、掌握运动技能、养成运动习惯，是在社会层面提升体育素质、涵养体育文化的有效路径，且大大丰富了青少年课余体育锻炼的形式。

案例解读

案例 1–15　水平三：篮球家庭作业设计

【活动目的】

以“趣味假期，玩转篮球”为主题，在假期有效实践在学校学习的有关提高健康生活水平方面的知识，并完成相应的作业任务，提高身体素质。

【活动时间】

一周 3～4 次，每次 30～35 分钟。

【活动实施】

◎板块1 篮球小百科

由体育教师每天在教学信息平台上推送更新篮球相关小知识，包括篮球的基本规则、篮球的起源等篮球运动的基本知识，以及著名篮球球星介绍、篮球比赛精彩瞬间回顾等相关内容，以图文形式提高学生对篮球运动的兴趣，这样可以更好地使学生完成体育家庭作业。

◎板块2 篮球练习

由体育教师录制篮球项目基本技术教学视频，包括动作示范、动作分解教学，动作基本要领详细讲解等。学生通过教学信息平台智能匹配每日作业，根据视频内容完成作业，巩固课堂内学习的运动技能知识。

◎板块3 素质练习

体育教师设置提高学生身体素质的练习，包括持球蹲起、持球俯身触地、双手持球仰卧起坐等，锻炼学生的腰腹部力量。素质练习同样由体育教师拍摄视频放置在教学信息平台上，学生根据视频内容完成作业。

◎板块4 亲子互动

亲子互动应贴近家庭生活，内容如“家长的减肥小教练”“与家长共同看一场篮球比赛”，以及一些与家长共同完成的体育小游戏等。通过这些活动增进学生与家长的互动，提升家庭情感。体育家庭作业指导视频由体育教师在教学信息平台上发布，家长以视频、图片等形式进行打卡。

◎评析 体育运动与学生课余生活有机融合

2021年4月，教育部办公厅等十五部门印发《儿童青少年近视防控光明行动工作方案（2021—2025年）》，提出“全面实施寒暑假学生体育家庭作业制度”。本案例通过信息化手段，利用假期布置丰富多彩的体育家庭作业，增强学生体育运动的兴趣，促使学生在课余时间自主参与到体育活动中来。教师合理设置四个板块，通过体育运动与学生课余生活的有机融合，实现了学生体育素养的培养、运动技能的学习及身体素质的强化。这也契合《课标 2022》提出的“校内锻炼 1 小时，校外锻炼 1 小时”的要求。

教师通过让家长对学生体育锻炼情况进行打卡，使他们全面深入地了解体育锻炼的功能与作用，建立起新的教育观和“健康第一”的教育理念。在陪伴过程中，家长既监督了学生的运动效果，见证了他们的进步成长，也拉近了亲子关系，融洽了家庭氛围。将课余体育活动变成学校体育活动的特殊组成部分，既确保学生有充足的体育活动，也凸显家长在学生健康教育中的重要地位。

体育家庭作业由体育教师设计编制，充分发挥教师在体育教学活动中的主导作用，并通过教师、家长、学生的共同参与，实现教师与学生、教师与家长、家长与学生的良好互动。体育家庭作业在一定程度上巩固了学生在学校学习的运动技能和体育知识，更促使学生养成积极健康的生活方式，一定程度上解决了学校体育教育中学校、家庭不对称的问题，有利于学校体育应对各种挑战，实现增进学生体质健康的目的。

户外是最佳的运动场所。体育家庭作业应尽量安排在户外，鼓励学生多到户外，享受在大自然中运动的乐趣，开阔视野，保护视力，沐浴阳光，促进骨骼生长。

案例解读

案例 1–16 水平三：体育户外研学设计

本案例改编自台湾省诚正小学王东荣老师《班主任运用自然生态资源的经验分享》，原载于《教育视界》2018 年第 3 期。

【活动目的】

通过攀树活动，营造生活化情境，使学生理解人与自然的关系，亲近自然，保护环境。通过攀树活动，学生学习和了解多种不同的攀树方式，有针对性地锻炼力量、速度及身体的协调性。此外，面对攀树过程中出现的状况，可以在一定程度上培养学生独立思考的能力、勇于承担的品质。

【活动时间】

180分钟。

【活动实施】

◎环节1 课程准备阶段，全体师生树立安全意识

（1）每次攀树课程开始之前，教师需要提前到达场地观察，清理腐朽枝叶，排除安全隐患。

（2）教师应主动学习运动损伤处理知识。在攀树过程中，如果学生出现轻微损伤能够及时处理。

（3）教师需要准备急救箱。

（4）学校应根据学生人数，合理安排教师数量，以便协助攀树活动。

（5）学校应主动给参与课程的学生购买商业保险，并让家长签署安全同意书。

（6）全体学生要求穿着运动服。

（7）课程开始前，对全体学生进行安全教育讲解，引导学生树立安全意识。活动期间禁止无保护攀登和追逐打闹行为。

◎环节2 课程实施阶段，激励学生主动参与攀树活动

（1）了解攀树。教师介绍攀树的起源及相关知识。

（2）科普树木相关小知识。教师可以通过介绍不同树木的类型及特点，向学生科普有关知识，拓宽学生的知识面。

（3）认识安全设备。教师向学生介绍攀树装备，学生学习攀树绳索设备的使用。

（4）学习和了解攀树上升、下降的安全理论。

（5）攀树体验与实践。学生学习攀树的动作技巧，借助攀树绳索设备，运用自身的力量缓慢上升，慢慢地由地面攀到树梢，适应高度的变化，减轻对高度的恐惧。教师及时激励学生，激发学生的潜能，使学生挑战自我，培养学生不惧困难、坚持到底的意志。

◎环节 3　课程结束阶段，注重整体课程反馈

（1）师生共同总结攀树技巧，共同反思需要改进的环节和步骤。

（2）学生分享攀树的心路历程，教师点评。

（3）师生合影留念。

（4）学生协助教师收回攀树装备。

◎评析　体育教育的创新形式——户外研学活动

户外研学活动是学校教育和校外教育衔接的创新形式，是教育教学的重要内容，是综合实践育人的有效途径。《课标 2022》中明确提出“创设丰富多彩、生动有趣的教学情境”“引导学生将体育健康知识运用到日常生活中”的要求。本案例中的攀树活动作为一种户外体验式教育，学生亲身参与，在掌握攀树技巧的同时锻炼了速度、力量和协调性，感受人与自然的和谐共生，培养探索精神，锻炼意志品质，同时提高自我危险管理能力。

体育户外研学活动促进教育回归生活，让体育走进学生的课余生活，真正发挥其价值。

第二部分
“课程目标”解读

《课标 2022》明确提出，体育与健康课程围绕核心素养，体现课程性质，反映课程理念，确立课程目标。“课程目标”部分阐明了体育与健康课程要培养的学生核心素养的内涵，包括运动能力、健康行为和体育品德等方面，在此基础上设立了总目标和水平目标。课程总目标包括：掌握与运用体能和运动技能，提高运动能力；学会运用健康与安全的知识和技能，形成健康的生活方式；积极参与体育活动，养成良好的体育品德。体育与健康课程依据核心素养达成度，分四个水平对课程目标进行细化。

体育与健康课程要培养的核心素养凝练了体育与健康学科的本质属性，明确了义务教育阶段学生学习体育与健康课程应形成和发展的正确价值观念、必备品格和关键能力，充分体现了课程“健身育人”的本质特征。

09 如何在体育教学中培养学生的核心素养?

《课标 2022》提出:

➡ 体育与健康课程要培养的核心素养，主要是指学生通过体育与健康课程学习而逐步形成的正确价值观、必备品格和关键能力，包括运动能力、健康行为和体育品德等方面。

➡ 体育与健康课程围绕核心素养，体现课程性质，反映课程理念，确立课程目标。

➡ 教师应依据核心素养内涵、课程总目标与水平目标、课程内容、学业质量，创造性地设计教学和实施课程。

理论阐释

《普通高中体育与健康课程标准（2017 年版）》首次基于《中国学生发展核心素养》提出了“体育学科核心素养”这一新概念，确定了与之相适应的课程目标，并在高中体育与健康课程教学中贯彻实施，对学校体育教育带来深刻影响，促使基础教育体育与健康课程改革不断深化。

2021 年教育部办公厅印发《〈体育与健康〉教学改革指导纲要（试行）》，在指导思想中明确提出，要促进中小学运动能力、健康行为、体育品德等核心素养的形成，为实现“健康中国”“体育强国”作出体育学科的贡献。

《课标 2022》延续《普通高中体育与健康课程标准（2017 年版）》的整体思路，明确了体育与健康课程要培养的核心素养的内涵和构成:“体育与健康课程要培养的核心素养，主要是指学生通过体育与健康课程学习而逐步形成的正确价值观、必备品格和关键能力，包括运动能力、健康行为和体育品德等方面。”

运动能力是指学生在参与体育运动过程中所表现出来的综合能力，包括体能状况、运动认知与技战术运用、体育展示或比赛三个维度；健康行为是指学生增进身心健康和积极适应外部环境的综合表现，包括体育锻炼意识与习惯、健康知识与技能的掌握和运用、情绪调控、环境适应四个维度；体育品德是指学生在体育运动中应当遵循的行为规范和体育伦理，以及形成的价值追求和精神风貌，包括体育精神、体育道德和体育品格三个维度。

1. 体育与健康课程核心素养的培养路径

（1）体育教学目标与核心素养的有效对接。《课标 2011》设定的运动参与、运动技能、身体健康、心理健康、社会适应五项学习领域目标，在教学实践中存在不便于表述、实施和评价的问题。《课标 2022》对此进行了修正，设定的体育与健康课程总目标包括三个方面：掌握与运用体能和运动技能，提高运动能力；学会运用健康与安全的知识和技能，形成健康的生活方式；积极参与体育活动，养成良好的体育品德。总目标基本对应学科核心素养中的运动能力、健康行为和体育品德，体现了课程目标与核心素养的融合。

关于教学目标在教学实践中的具体制订，一直以来没有明确的参考模式，各地、各校依据对《课标 2011》的理解自行设定。总体而言，前期的教学目标大多参照运动参与、运动技能、身体健康、心理健康、社会适应五个领域与目标，后来调整为运动参与、运动技能、身体健康、心理健康与社会适应四个领域与目标，但其实质基本相同。也有部分地区和学校以知识、技能与情感三维目标对教学目标进行设计与表述。《课标 2022》基于体育与健康课程的性质和学科核心素养的要求，建构了运动能力、健康行为、体育品德的课程核心素养体系，并在此基础上设置了课程目标、教学内容与方法、学业质量标准与学习评价体系，指明了实现“健康育人”目标的路径。同时，分四个水平对运动能力、健康行为和体育品德三个方面的课程目标进行细化，更制定有与之相适应的学业质量标准，使课程目标归类清晰，层次分明，可操作性强，为教学实践提供了清晰的指导。例如，评价学生的运动能力，可以从体能状况、运动认知与技战术运用、体育展示与比赛等表现形式上综合考查，体现教学目标可观察、可测量、可评价的行为表征。

（2）结合教学内容培养核心素养。在课堂实践教学中，教师应立足课程目标和学生发展，有针对性地合理选择教学内容，确定教学目标，结合运动项目特点，采用“学、练、赛”一体化教学模式，进行结构化知识与技能教学，创设多样化的运动情境，让学生能够在真实情境中解决问题，掌握并会运用 1～2 项运动技能，促进关键能力的发展。同时，应充分考虑学生的生长发育特点、体质状况、运动基础和兴趣需求等，发挥运动项目的健身价值、教育价值优势，结合体育课堂教学内容，合理设定运动负荷，在提高学生体能和技能的同时，引领学生养成良好的健康行为和体育品德，发展学生的核心素养。

（3）基于核心素养的教学目标设计建议。

第一，课堂教学目标的设计应围绕核心素养展开，与运动能力、健康行为、体育品德三个方面全面对接。

第二，从问题出发，以结果为导向，反向设计教学内容、知识结构，即通过课堂上学什么，预期要达到什么样的效果，来选择教学内容与方法，进而凝练、制订教学目标。

第三，课堂教学目标要依据学业要求和学业质量标准进行设计，以保证知识、技能、能力可以达成，以及不同学段层次性、系统性、连贯性的知识体系可以实现。

第四，课堂教学目标的制订要体现可评价性。评价标准依据学业质量标准，采用多元化的评价方式，注重对学生语言表达（能否说出）、动作表现（能否会做）、能力体现（是否会用）等方面的检验。

案例解读

案例 2–1　水平二：足球脚内侧踢球教学设计

【指导思想】

坚持“健康第一”的课程理念，依据《课标 2022》相关要求，从水平二学生身心发展规律、特征及运动技能形成规律出发，采用自主体验、合作学习的方法，引导学生学习脚内侧踢球技术；通过创设比赛情境，让学生在运动中体验锻炼价值、享受足球乐趣；通过课课练进行补偿性练习，发展学生体能；通过合作学习、集体比赛，培养学生团结协作、友爱互助的体育品德。

【教学目标】

（1）了解脚内侧踢球的动作要领，体验脚内侧踢球动作技术，85% 以上的学生能够做到支撑腿弯曲、踢球腿提膝外展、脚面绷紧成“一”字，掌握踢球后中部的动作方法。

（2）每名学生完成至少 80 次脚内侧踢球动作练习，提高学生的身体灵敏度和协调性。

（3）让学生感受小足球的乐趣，并产生对足球运动的兴趣；通过模拟比赛，让学生在团队中体现互助精神，团队间体现竞争意识。

【教学流程】

◎脚内侧踢球学练

（1）以踢毽子活动进行课程导入，让学生了解脚内侧踢球的部位。

（2）学生原地模仿踢固定球，体会支撑脚站位、踢球腿摆动动作和击球部位。

（3）教师介绍停球技术，学生两人一组，原地一踢一接，自主探索脚内侧踢球动作方法，体会停球技术。

（4）逐渐增加每组学生踢接球距离，让学生在移动中完成脚内侧踢球，体会停球技术。

（5）学生用脚内侧踢球互传，如来球质量不好，可以停球调整后快速踢出，为后续模拟比赛做准备。

◎四对二教学比赛

六人一队，其中两人一组分成 A、B、C 三个小组，A、B 两个小组联合组成四人进攻小队，C 组两人为防守球员。小场地四人用脚内侧踢球互传进攻，二人防守，攻入球门或被抢断后，B、C 组联合进攻，A 组防守，依次轮转。

要求：进攻队员散开，注意跑位，只能用脚内侧踢球互传进攻，不能运球，尽量少做调整，快速出球，传到无防守进攻球员脚下，直至攻入球门。

◎课课练——补偿性体能练习

学生在本次课学练环节跑动较多，但运动强度不大，结合足球项目体能发展要求，本次课安排速度、力量素质练习，具体内容：①10 米折返跑 2 次，3 组；

②开合跳 10 次，3 组。

◎评析　基于核心素养的体育课堂教学

本案例的教学目标制订基本合理，能够从体育与健康学科核心素养出发，依据课程标准来设计，基本符合水平二分目标教学的要求，但与运动能力、健康行为和体育品德对应不够准确，存在表述不全面、不准确的瑕疵，尤其是在课程教学中实施方法、实施效果都较好的教学内容和指导思想，在课堂教学目标中却没有具体体现。

1. 关于运动能力

从《课标 2022》关于运动能力目标的界定看，包含基本运动技能、体能、运动技能学习与运用、运动参与及体育运动知识等方面。从课堂教学目标（1）看，“了解脚内侧踢球的动作要领，体验脚内侧踢球动作技术”体现了体育运动知识、运动技能两个方面，“85% 以上的学生能够做到支撑腿弯曲、踢球腿提膝外展、脚面绷紧成‘一’字，掌握踢球后中部的动作方法”的表述体现目标的可评价性。目标（2）的前半部分“每名学生完成至少 80 次脚内侧踢球动作练习”既体现了目标的可评价性，又体现了运动参与，但后半部分“提高学生的身体灵敏度和协调性”表述的是体能目标。因此，如果把目标（1）和（2）进行整合，再通过组织教学比赛使学生学会足球脚内侧传接球技术在足球运动实践中的运用（案例中四对二教学比赛环节），并将锻炼体能的课课练补充到（1）运动能力目标的阐述中，就更完整了。

2. 关于健康行为

案例中教学目标（2）应该体现健康行为相关内容。水平二分目标中有“对体育活动的兴趣增强”的表述，因此，目标（3）“让学生感受小足球的乐趣，并产生对足球运动的兴趣”应放到目标（2）健康行为目标中。另外，结合项目和课堂教学内容进行的相关健康教育，以及健康行为在体育与健康课程中具体的表现形式——体育锻炼意识与习惯等，在教学中有所体现的相关内容，在目标（2）的制订中被忽略了。

3. 关于体育品德

案例的教学目标（3）后半段“通过模拟比赛，让学生在团队中体现互助精神，团队间体现竞争意识”属于体育品德目标，但是和前面一样，案例对体育教学中“育体育心”的教育功能认识不够。结合足球项目特点，尤其是比赛环节对体育品德的培养没有体现出来，建议结合体育精神、体育道德、体育品格三方面提炼目标。

本案例从教学指导思想看，符合当前体育教育教学改革发展趋势，能看出体育与健康学科核心素养理论对义务教育体育与健康课程教学的深刻影响和促进。

10 如何让学生的运动能力得到本质性提高?

《课标2022》提出：

➡ 运动能力是指学生在参与体育运动过程中所表现出来的综合能力。运动能力包括体能状况、运动认知与技战术运用、体育展示或比赛三个维度，主要体现在基本运动技能、体能、专项运动技能的掌握与运用。

➡ 重视系统安排多种运动项目的学练，促进学生形成丰富的运动体验，协调发展运动能力。

➡ 掌握与运用体能和运动技能，提高运动能力。

理论阐释

受“生物体育观”和“运动技术中心论”的影响，传统体育课堂教学认为体能增长或运动技术掌握是体育教学的唯一目标，体育教学的功能有很大的局限性。在体育课堂教学中，教师单纯追求大运动量和单一技术的碎片化教学，而忽略了学生体能的有效性发展和技能的实践性运用，一定程度造成了学生体质的连续下降和学生难以真正掌握一项运动技能的状况。

体能是运动能力的基础要素。《课标2022》对体能练习提出了明确的要求。

美国运动医学会（ACSM）认为体能是机体适应日常生活、运动和突发事件的一种能力。由于视角不同，也有学者从竞技运动训练角度界定了体能的概念，认为体能是机体在竞技运动情境中所表现出来的能力。这种观点与认可度较高的美国运动医学会提出的体能概念并不矛盾，概括地说，体能包括与健康有关的体能和与技能有关的体能。

动作发展专家泽费尔（Seefeldt）于1980年提出了动作熟练度发展序列模型（见下图），揭示了基本运动技能到专项运动技能的递进性特征。

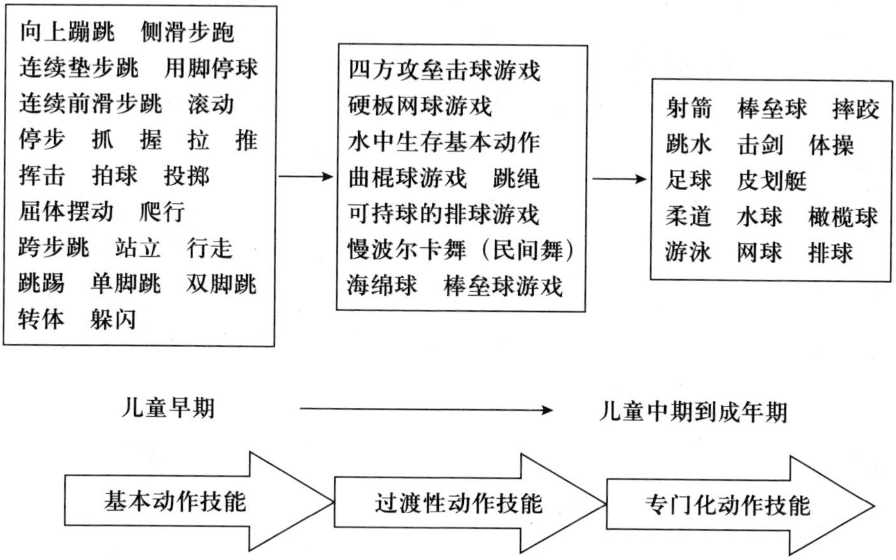

动作熟练度发展序列模型

基本运动技能是形成专项运动技能的前提，旨在奠定稳固的运动基础。首先，基于位移动作符号、徒手动作符号和器械动作符号设计激发学生参与运动兴趣的游戏，融入走、跑、跳、投掷、滚动、爬行等基本动作，通过反复练习达到基本运动技能的掌握，满足日常生活所需；其次，通过强化基础体能练习及完善基本心智能力，达到基本运动技能的形成。

专项运动技能是学生学完某一专项运动后所具备的能力，如篮球运动能力、足球运动能力、游泳运动能力等。[①] 它的形成过程是在掌握基本运动技能

① 于素梅．一体化体育课程评价体系的建构［J］．体育学刊，2019，26（5）：15-19．

基础上进入过渡性运动技能的发展阶段，即在基本运动技能基础上形成运动能力和运动逻辑思维，包括空间认知、运动逻辑、运动关系三方面内容。然后，依据学生的兴趣和运动技能的发展情况进行一至两项专项运动的练习。只有递进式地进行课程设置和体育教学，学生才会逐渐掌握某一专项运动技能，结合教学中应用性练习或教学比赛，体验到运动的乐趣，从而对此项体育运动形成较高的忠实度和依存度，逐渐形成专项运动技能，为他们的终身体育活动打下基础。

如何让学生的运动能力得到本质性提高？

1. 发展运动能力要遵循客观规律

《课标2022》对义务教育体育与健康课程中运动能力的水平目标进行了清晰的界定。教师应根据学生的生长发育规律、认知发展规律、素质发展敏感期、运动技能形成规律，以及教育规律等进行系统衔接性教学。运动能力的培养不是一蹴而就的，而是一个系统连贯的过程。因此，运动项目内容应充分考虑各阶段学生身心发展特点和学段的设置与衔接，遵循游戏化、趣味化、多样化、专项化和自主化等不同学段的教学特点，将上下学段的教学内容进行“纵向衔接”。

2. 树立“学生发展为本”理念，充分满足学生运动能力发展需要

体育与健康课程要关注学生的需要和重视学生的情感体验。培养学生的运动能力也应从满足学生对运动能力的需要开始。既要满足需要，又要遵循运动能力的形成规律，科学、合理地培养学生的运动能力，是培养学生运动能力达到理想效果的关键。要摒弃传统的“运动技术中心论”观念，改变单一技术的碎片化教学内容及“填鸭式”教学手段，加强与学生的交流，激发学生的学习兴趣，重视学生的积极参与。

3. 强化“教会、勤练、常赛”，实现学生运动能力的本质提高

《课标2022》明确提出落实“教会、勤练、常赛”要求，注重“学、练、赛”一体化教学。

（1）“教会”，不是简单地教会学生基本运动技能与专项运动技能，而是在课堂上组织各项教学活动，最终达到学生能够在日常生活或比赛场景中灵活自如地运用这些技能。

（2）“勤练”，即教师在把握运动技能形成规律的基础上，结合不同项目、不同班额、不同场地器材条件等合理设计练习密度和运动强度，提高学生的运动效果。“勤练”并不局限于课堂，需要课内外、校内外联合开展练习活动以弥补课上练习的不足。在“质”上，“勤练”要体现精准（技能的准确性）和适宜（把握生理规律和运动规律）；在“量”上，“勤练”要求在课堂上多用强度和密度来衡量，在课外或校外锻炼中多依据每周参与次数和每次锻炼时间来把握。从时间上来看，要采取灵活多样的形式保证校内校外各 1 小时的体育锻炼。

（3）“常赛”，教师可采用课堂比赛、课余（周末）比赛等形式，以赛促练，使学生享受竞赛乐趣。让学生“少站立、少等待、少发呆”，让体育课“有强度、有难度、有对抗”。提高课堂教学的技术质量，夯实基础技能和体能，加强专项技术。

尽管“学、练、赛”各方面都各具独特功能，但任何单一方面都难以达到最理想的效果，需要三者一体推进，实现促进学生运动能力发展的目标。

案例解读

案例 2-2　水平一：足球控球教学片段

本案例改编自 2021 年浙江省乡村学校体育推进会包尔春老师《足球：多种形式控球练习方法 2》中的教学案例。

本案例以控球为主要教学内容，以学生整体性认知能力的发展为教学主线，运用领会教学法让学生从自主、探究、合作中激发学习兴趣，发挥主体作用。教师在课堂上对教材的处理由易到难、由简到繁，逐步提升学生的成就感，让学生真正掌握并运用运动技能，提高学生运动能力，从而实现“学、练、赛”一体化。

课堂开始时教师先将学生平均分成四组，每组穿不同颜色的球衣，分别为黄队、蓝队、绿队和红队。

◎抢凳子游戏

把足球当作“凳子”，在教师开始喊口令后学生逆时针方向跑动（见下图），学生跑动过程中教师随机减少球的数量，在教师停止喊口令后，一名学生对应踩一个球，准确踩到球的学生为获胜者，获胜者所在的小组积 1 分。

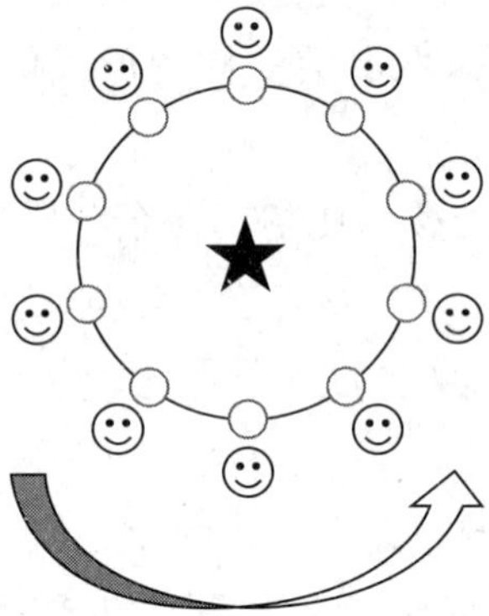

“抢凳子”游戏课堂组织示意图

◎控球练习

教师开始喊口令后，学生在规定范围内随意控球，教师停止喊口令后，学生控球回归圆形队形，归队过程中学生不能相撞，不能将球踢出规定范围，控球时球要保持不离脚，顺利完成的小组积 1 分，违反规则的小组扣 1 分。

◎阵营赛

小组两两组对进行比赛。第一轮以行进间带球的方式从本方阵营带球到对方阵营；第二轮增加难度，在行进间带球的路线中增加障碍物，要求学生行进带球时注意观察前方障碍物位置，达到带球稳且停球尽可能快的目标（见下页左图）；第三轮，在中心位置放置障碍物，要求学生在接近障碍物时停止行进，转身带球回到本方阵营（见下页右图）。最快完成的小组胜，积 1 分。

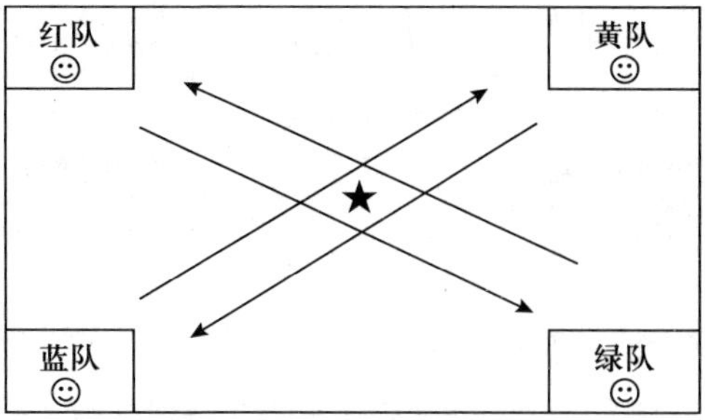

第一、二轮阵营赛课堂组织示意图

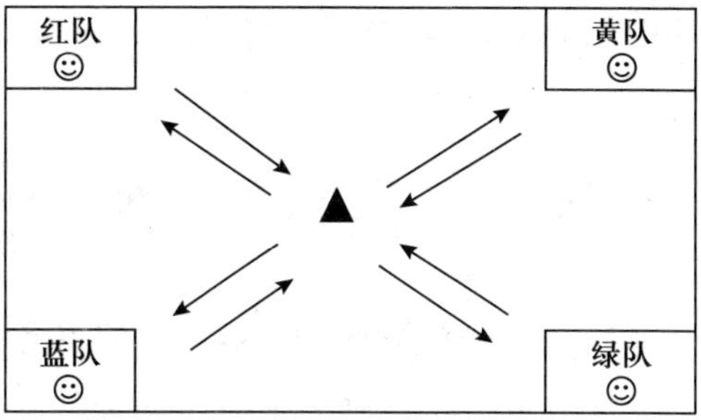

第三轮阵营赛课堂组织示意图

◎游戏赛

每组学生进行接力比赛，原地等待的学生左右脚交替踩球控球，在上一名学生到达起点时出发，行进间控球过小门后射门，然后捡球，行进间控球回到起点（见下图）。完成时间最快的小组获胜，积 1 分。

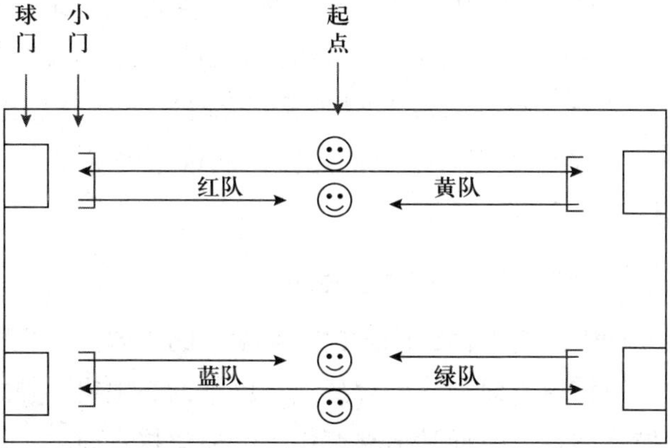

“游戏赛”课堂组织示意图

◎控球练习

教师讲解控球动作要领，学生开始左右拨球进行控球练习，每组练习 10 次，要求 7 次触球位置正确。教师巡回指导，学生练习后，教师检查并询问学生完成情况。然后再练习 10 次，要求在触球位置正确的基础上，7 次拉拨动作连贯，练习完成后，教师询问学生完成情况，让优秀的学生展示拉拨控球，其他学生给予评价。

◎评析　小学足球“学、练、赛”一体化教学

1. 以单一练习为切入点，从学会到会学

本案例以“抢凳子”游戏导入，开展控球这一单一的练习。因为学生有一定的学练基础，所以开始时教师并没有教学生控球的要领和方法，而是先让学生从游戏中边体验边学习，然后再引导学生“比较—反馈—再体验”。学生在练习时通过探索和发现，自然地掌握了控球的动作要领，学会了行进间控球的动作方法。先练后教体现了“以生为本，教学相长”的教学理念，即重视学的过程，体现学生主动学习。

2. 以组合练习为学练点，从会学到会练

组合练习的设计不仅能为巩固提高动作（技术）方法、发展体能服务，更重要的是让学生在学练环境中将所学的“单一的身体练习”转化为一种能力。在本案例中，教师在游戏赛中原地控球与行进间控球的基础上加入射门技术，通过调整组织形式和教学节奏，在一定教学原则下进行教学内容、手段和方法的变化，带领学生完成从单一动作到组合动作的进阶，通过递进练习提高学生的学习质量，发展学生的运动能力。

3. 以游戏比赛为挑战点，从会练到会用

比赛更能激发学生的主动性，同时比赛对学生的机体能力也提出了更高的要求。在本案例中，将控球＋射门作为挑战点，可帮助学生提升技术。教师在比赛中穿插运用多种控球技术，引导学生在赛中练，弱化技术要求，注重使学生学会练习方法，强化活动过程与趣味性，不仅促使学生进一步巩固并运用所学技术，还有利于培养学生坚毅、勇敢、顽强的意志品质和团结协作的集体主义精神，促进学生全面发展。赛中有练，练中有赛，赛练结合提升了课堂教学的实效性。

案例 2-3 水平三：篮球双手胸前传接球教学设计

本案例改编自浙江省宁波市海曙区洞桥镇中心小学张贤杰老师《小学阶段以游戏角度结合补偿性体能练习策略探析》，原载于《青少年体育》2019 年第 9 期。

【教学目标】

学习掌握双手胸前传接球的技术。通过有效练习，提高身体素质，增强体质；培养良好的体育参与意识和团队协作精神；针对双手胸前传接球要求的上肢力量，通过体能补偿类练习得到充分锻炼。

【教学过程】

◎开始部分

完成课堂常规内容。

◎准备部分

（1）关节活动。

（2）“慢跑游戏＋动作技术”练习。进行“木头人”游戏，在慢跑过程中，当听到教师喊“123”，学生随即静止不动，变成“木头人”，两脚前后开立，一侧手上举，另一侧手屈肘肩上，背后过肩。

（3）篮球球性练习。双手持球体前屈、双手持球体侧屈、双手持球跳步练习。

◎基本部分

（1）教师讲解传接球的方法引起学生思考、想象，并配合正确的动作示范，使学生能清晰地了解双手胸前传接篮球的基本动作要领。

（2）学生初步学习。教师运用两人对传、扇形传球、“8”字传球、四角传球等不同形式组织学生进行练习。

（3）巩固“篮球小游戏＋动作技术”练习。学生两人一组进行组间比赛，通过“传接球比多”小游戏，重复双手胸前传接球动作，巩固篮球传接球的动作技术要领。比赛结束后，教师可采用“激励奖罚＋动作技术”练习的方式，如比赛输方通过“手持篮球用力砸地”“手持篮球前后快速绕肩”练习，进一步巩固学生的运动技能。

◎结束部分

（1）整理放松环节。教师带领学生做放松操，采用双手抛球后做俯卧撑的形式，以达到预期负荷。

（2）课堂小结。

（3）宣布下课，归还器材。

◎评析　教学内容融合游戏及体能练习

1. 热身慢跑游戏结合体能练习

本案例准备部分采用信号跑“木头人”游戏进行练习。学生在慢跑过程中听到特殊信号，就做出技术动作中的关键动作，这不仅增加了慢跑热身的趣味性，同时可以使学生充分热身，而且锻炼了上肢，为即将进入的篮球双手胸前传接球技术动作的学习做好准备。

2. 体育游戏结合体能练习

本案例基本部分通过“运球比快”让学生不断重复篮球双手胸前传接球动作，以游戏比赛的形式结合课程主要内容的练习，巩固学生篮球传接球的技术。体育游戏目标与教学目标相统一，以赛促练，使学生更牢固地掌握动作技能。

3. 激励奖惩结合体能练习

体育与健康课程中的体育游戏是在规则下进行的良性竞争的教学活动。输掉比赛的队伍做“手持篮球用力砸地”“手持篮球前后快速绕肩”练习，能锻炼学生球感及上肢力量，有助于更好地提高篮球传接球动作技术水平，同时激励学生积极参与体育活动，培养遵守比赛规则的品质。

本案例采用教学内容融合游戏及体能练习的方法，提高学生学习的兴趣，激发运动热情，让学生体验到比赛带来的快乐、紧张、兴奋等心理感受，同时也提高了学生的运动技能。体育游戏在教学过程中充当了较为重要的角色，将游戏融入体能练习，可以缓解单纯体能类练习的枯燥感，让学生充分体验篮球运动的魅力。

11　如何培养学生的健康行为?

《课标 2022》提出:

➡ 通过体育与健康课程的学习，学生能理解体育锻炼对健康的重要性，积极参加校内外体育锻炼，逐步形成体育锻炼意识和习惯；掌握个人卫生保健、营养膳食、青春期生长发育、常见疾病和运动伤病预防、安全避险等知识和方法，并运用在学习生活中；了解和体验体育活动对心理健康的积极影响，学会调控自己的情绪，积极应对挫折和失败，保持良好的心态；主动同他人交流与合作，知道在不同环境下进行体育锻炼的方法和注意事项，逐步适应自然环境和社会环境。

理论阐释

核心素养是学生通过体育与健康课程学习而逐步形成的正确价值观、必备品格和关键能力，主要包括运动能力、健康行为和体育品德，是体育与健康课程育人价值的集中体现。

“健康行为”是指学生增进身心健康和积极适应外部环境的综合表现，是提高健康意识、改善健康状况并逐渐形成健康文明生活方式的关键。健康行为包括体育锻炼意识与习惯、健康知识与技能的掌握和运用、情绪调控、环境适应四个方面，主要体现在养成良好的锻炼、饮食、用眼、作息和卫生习惯，树立安全意识，控制体重，远离不良嗜好，预防运动损伤和疾病，消除运动疲劳，保持良好心态，适应自然和社会环境等。

《课标 2022》围绕健康行为核心素养的培养，提出“学会运用健康与安全的知识和技能，形成健康的生活方式”的课程总目标，并针对不同学段分四个水平对健康行为的课程目标进行了细化。健康行为核心素养的培养主要通过健康教育来实现，包括健康行为与生活方式、生长发育与青春期保健、心理健康、疾病预防与突发公共卫生事件应对、安全应急与避险五个领域的内容。根据现实需求和义务教育基础性的特征，小学阶段主要重视与个人生活与健康紧密相关的基本知识和方法，注重学生健康行为和安全生活技能的逐步养成；初中阶段主要强调理解健康与安全知识，掌握维护健康和安全的相关技能，形成健康与安全生活的态度。

《课标 2022》制订了具体的、可操作的健康行为学业质量标准，为教师有效教学、学生积极学习，以及进行学习评价指明了方向。

通过健康教育培养学生健康行为的实施路径主要包括两方面：一是依据《课标 2022》确定的健康教育目标、内容，独立设置模块课程和学时，按学业质量标准要求，开展不同学段的健康教育课程；二是健康教育融入体育教育教学，这是实施健康教育的重要途径。体育不仅可以促进学生身体健康，同时可以利用项目特点、行为干预等，帮助学生树立正确的体育观、健康观，引导学生养成健康的生活和行为方式，与健康教育中生理的健康、心理的健康、社会适应的完满状态三个维度高度契合。将健康教育贯穿在体育教学中对体育教学也具有积极的促进作用。教师结合健康知识的传授，能够使学生认识到用体育促进健康的作用和方法，激发学生对体育学习的兴趣，形成运动技能，发展体能，进而热爱体育，养成良好的锻炼习惯，对学生终身体育、健康理念与行为习惯，以及今后健康生活方式的形成都有重要的作用。

对学生健康行为养成展开多元评价，既关注健康基本知识和技能考核，又关注学生学习、运用这些知识和技能过程中的表现，以及健康意识和行为养成的成效。对于健康知识，评价可采用提问、作业、讨论、理论测试等形式，检查学生健康基本知识的掌握情况；体育教育促进健康行为的体育锻炼意识与习惯、健康知识运用、情绪调控、环境适应等，可通过学生运动技能学习过程中的表现、身体形态素质的变化、情绪表现、参与课外体育活动情况、体育锻炼的习惯等，记录过程表现，形成过程性评价；结合学生自评、互评，前后变化进步情况，课程结束的结果性评价等，综合评价学生健康行为的养成。

案例解读

案例 2-4　水平四：田径短跑准备活动教学片段

本案例由辽宁省大连市第四中学赵凯老师提供。

短跑课常规准备活动内容包括热身跑、拉伸练习、徒手操、跑的专门性练习等。

◎环节1 热身跑+拉伸练习

师：准备活动开始前，同学们是否了解准备活动的内容和作用？

生：跑步，然后做操，活动开，预防受伤。

生：也可以先做游戏，然后压腿。

师：同学们说得有一定道理，但不完整。准备活动非常重要，一是通过热身运动提高体温，减少肌肉、韧带的黏滞性，便于后面的拉伸、柔韧性活动，防止大强度运动时受伤；二是动员内脏器官的系统机能，以适应后续较大的运动负荷。准备活动的内容和形式多样，但要与本课学练的运动项目相适应。由于尚处于运动准备阶段，负荷控制在中等强度。听明白了吗？

生：明白了！

学生绕200米场地慢跑两圈。

师：同学们！看老师的动作，触摸手腕或下颌两侧颈部或耳侧靠脸部，找到脉搏没有？

生：找到了。

师：测10秒脉搏心率，开始！

师：停！大家的脉搏跳动是多少次？

生：25、21、24、27……

师：中等运动负荷心率应控制在每分钟140～160次，同学们自己算一下，用测定的10秒钟心率乘以6，如果在这个范围内就可以。

◎环节2 徒手操

师：第一节，扩胸运动。请同学们看我示范，要求两腿分开与肩同宽，一二拍两臂胸前平屈，后振两次；三四拍双臂经胸前前伸，直臂向两侧振臂两次，掌心向上。五六七八重复进行。好，四个八拍，扩胸运动预备——做！

师：二二三四,五六七——停。稍息！大部分同学动作比较标准，有同学在曲臂扩胸后振时，两臂没有做到胸前平屈，而是曲臂自然下垂后振，两者拉伸的部位不一样，牵拉的肌肉有区别，当然效果也不一样。同学们现在再试一试，体会一下两者的不同。

师：我们再一起做一遍，一定要按要求完成。

◎评析　健康教育与教学内容的有机融合

准备活动环节是体育与健康课程乃至所有体育活动、身体活动的首要环节，也是从事体育锻炼不可或缺的健康行为。由于部分教师对此重视不够，准备活动的形式单调、内容枯燥，甚至流于形式，导致健康教育缺失，没有让学生明白其中的意义与价值，使学生在体育活动中喜欢直奔主题，直接参与自己感兴趣的运动项目等多种原因，甚至反感、厌倦准备活动，没有养成良好的体育活动行为习惯。本案例中，教师根据教材——田径短跑教学，选择最常规也是适用性最广的准备活动形式，将健康教育融入体育教学中，促成学生健康行为的养成。

在进行热身跑前，教师讲解运动前进行准备活动的重要性，并告知学生准备活动的方式、方法可以多样化。学生明白了道理，就不会产生抵触心理。热身跑结束后，通过测心率，让学生理解如何界定和控制准备活动的中等强度运动负荷。

在环节 2 的徒手操练习中，教师通过纠正动作，引导学生了解不同的动作锻炼的部位和效果有所不同，动作规范不仅是为了美观，更重要的是动作结构本身是依据练习目的设计的，不按要求完成，很大程度上会达不到运动效果，从而降低准备活动的实效性。

健康教育融入体育教学、体育教学贯穿健康教育，是实现体育与健康课程目标进而培养学生体育核心素养的有效途径。

案例 2–5　水平四：田径跨越式跳高教学片段

本案例由辽宁省大连市第四中学赵凯老师提供。

【场地布置】

为了增加练习密度，考虑安全因素，设置四片简易跨越式跳高场地，横杆用橡皮筋代替，落地区放置体操垫，助跑距离为 4～6 步短程助跑。

【展示规则】

四片场地的高度分别设置成 1.1 米、1.2 米、1.3 米、1.4 米，学生根据自己的情况选择高度，跳过则升级高度，失败则降低高度。练习停止前，在成功和失败的高度之间反复练习。要求学生间互相观摩，成功的给予鼓励。以自我总结和相互讨论的方式，不断改进和提高技术动作。

【活动实施】

师：同学们，跳高比赛均以自己最终在某一高度跳不过去而结束比赛，这是项目特点和规则要求。坦然面对和接受失败，不断总结并改进，通过努力，超越自我，越过新的高度，正是跳高的魅力所在。胜不骄、败不馁是学习跳高应培养和具备的品质。

教师在学生练习时进行观察，在跳过不同高度的学生中选取身高接近的三名进行展示。

师：几位同学身高接近，可跳过的高度不同，大家能说说原因吗?

生：小王身体素质好，所以跳得高；小张太胖了，跳不起来。

师：大家要互相尊重，注意用词，说超重或体重超标是不是更合适呢?

生：小王技术好，跳得高；小李素质也挺好，可是动作不协调。

师：大家观察得很认真，发现的问题也比较准确。跳高是克服自身体重越过垂直障碍的运动项目，因此，跳高运动员普遍身高腿长，偏瘦，体重较轻。所以，体重超标的同学要注意控制饮食，加强锻炼，养成良好的饮食、运动习惯。

师：向小王同学提出表扬，技术动作掌握得好，跑跳连贯，弹跳好。像小李这样的同学占多数，课后要练习跨跳、单足跳等跳跃动作，提高腿部力量和弹跳等素质，更要多参加各种体育活动，发展协调性和灵敏性。

◎评析　结合运动项目特点实施心理健康教育

7～9 年级健康教育学业要求中提出：“调控情绪、缓解压力、应对挫折，预防焦虑和抑郁”。

8 年级跳跃项目“跨越式跳高”的教学，能够很好地实现学段健康教育中关于培养运动技能、加强挫折教育的学业要求。

本案例依据 8 年级田径单元教学内容，让学生在掌握跨越式跳高基本技术的前提下，学练跨越式跳高完整技术，通过展示环节、体能补偿性练习，实现“学、练、赛”一体化教学。在各教学环节中，结合课程教学内容，进行相关的健康教育，实现核心素养导向的教学目标和任务。

通过学练，不断超越自我，是跳高项目的自身特点。“学、练、赛”一体化教学设计，既让学生体验越过期望高度的成功及乐趣，又在不断尝试更高高度的失败中，经受挫折教育，培养胜不骄败不馁、永不言败、勇攀高峰的体育精神，将健康教育与体育教育有机结合，引导学生乐观、理性地看待失败与挫折，积极进取，勇敢顽强。同时，结合项目特点，对于体重超重、动作协调性差的学生，提出管控体重、合理膳食、参与运动等要求，促成健康行为习惯的养成。

12 如何运用体育比赛帮助学生养成良好的体育品德?

《课标2022》提出：

➡ 体育品德是指学生在体育运动中应当遵循的行为规范和体育伦理，以及形成的价值追求和精神风貌。体育品德包括体育精神、体育道德和体育品格三个维度。体育精神主要体现在积极进取、勇敢顽强、不怕困难、坚持到底、团队精神等；体育道德主要体现在遵守规则、尊重裁判、尊重对手、诚信自律、公平竞争等；体育品格主要体现在自尊自信、文明礼貌、责任意识、正确的胜负观等。

➡ 通过体育与健康课程的学习，学生能理解参与体育学练、展示或比赛对个人品德塑造的重要性。

理论阐释

体育是一种复杂的社会文化现象，是一种有意识、有组织的社会活动。它根据人体生长发育、技能形成和机能提高等规律，以身体与智力活动为基本手段，达到增强体质、提高运动能力、改善生活方式、提高生活质量等目的，以促进人的全面发展。

毛泽东在《体育之研究》中指出：“体育一道，配德育与智育，而德智皆寄于体，无体是无德智也。”

我国著名的革命家、教育家、政治家蔡元培曾提出“完全人格，首在体育”的教育主张。

体育是一门学科，更是一门艺术，体育运动不仅可以锻炼身体，给人带来快乐，还是培养学生良好品德的重要途径。学生在运动中体验成功的快乐、失败的痛苦均是一种磨炼。

在体育教学中，除了要全面提高学生的身体素质外，培养学生的竞争意识、合作精神和坚强毅力等品德，也是体育教学的重要目标。因此，体育教师在教学过程中，必须把培养全面发展的人作为主要教育目标，体育品德教育自然地寓于体育之中。

体育比赛是学校体育教育一个重要的组成部分，运动场是参与者健全人格、锤炼意志的重要场所。体育教师要充分利用体育竞赛这种形式，诠释体育精神，有意识地塑造学生的体育品格、铸就体育道德，做到竞赛育人、管理育人，把立德树人根本任务落到实处。

课堂“常赛”是学生参与体育比赛的重要途径，比赛中的规则意识、尊重对手、拼搏向上、团结协作、互相帮助等精神品质，都是学生应具备的体育品德。教师要通过比赛有意识地培养学生遵守规则的意识和拼搏向上的精神。

在体育教学中，教师应根据内容特点和实际需要，适时安排教学比赛、竞赛性游戏、体能与技能测试等活动，使学生在竞争中体验运动乐趣，培养竞争意识和进取之心，在胜利中体验成功的快乐，在失败中学会面对挫折，提高抗挫折能力和情绪调控能力，学会正确对待比赛结果，学会尊重对手和欣赏对手的精彩表现。

案例解读

案例 2–6 水平二：体操技巧教学片段

本案例由大连经济技术开发区童牛岭小学王蒙老师提供。

师：今天我们一起做一个游戏，名字叫“搭桥过河”。四人一组，每组两块垫子，从起点出发，两块垫子交替向前移动，比赛中每个人的双脚要始终踩在垫子上，超过标志桶则比赛完成。（学生跃跃欲试。）

师：各小组可以研究一下，在遵守规则的前提下如何更快更好地完成比赛。

学生在组长的带领下，进行小组讨论。在教师吹响哨声后，小组间开始紧张、激烈的比赛。其他学生给比赛的小组加油打气。

师：（提示学生）两块浮桥（垫子）一定要衔接好。

有学生向教师反映，四组的垫子掉了、五组的同学不小心摔倒了。教师及时沟通，了解情况。其他学生纷纷议论比赛过程中发生的事情。

（1）四组学生互相埋怨、指责，都在推卸责任。

（2）五组学生扶起摔倒的同学，嘘寒问暖、互相关心，并且马上继续比赛，在全组四人的努力下完成了比赛。

学生的表现教师都看在眼里。比赛结束后，教师询问大家的感受。第四组几乎没有声音，第五组虽然有失误但是大家都很兴奋。

生：在比赛中大家都很紧张，因为每个小组都想赢得胜利，导致出现失误的可能性也会增大。

师：比赛有成功，也会有失败。每个小组都是一个团队，只有组内齐心协力才能更快更好地完成比赛。虽然第五组有同学在比赛中摔倒了，但是组员们互相关心，没有埋怨，很快又恢复了比赛，这就展现出了团队合作的精神，也是良好体育品德的一种体现。

第四组的队员默默地低下了头，失误的学生主动承认错误，因为自己不小心掉下垫子，影响了整组的成绩。其他学生也主动道歉，不应该指责别人的失误，应该及时解决问题，继续比赛。

师：这就是体育比赛的魅力，尤其是在团队合作中，我们不应该因某一名同学出现失误或者其他的问题而指责他人。比赛的胜利者是少数人，但是比赛过程是所有人都参与的，我们要相互包容、鼓励，相信队友，只有这样我们才能共同提高、进步。

◎评析　在教学游戏中增进互助合作

体育教学中的“育德”价值与功能是当下体育课程改革的热点。在本案例中，教师根据体育教学内容系统且有针对性地组织教学比赛，使学生享受竞赛乐趣，同时重点培养学生“乐于助人、善于合作”的互助精神。

体育教学活动是合群性活动，它不仅有助于发展学生的合群意识，还能培养学生的团结协作精神。本案例以“搭桥过河”游戏比赛为主线，以团队协作为基础，游戏过程中会出现各种各样的问题，只有组员协力配合才能快速完成比赛。教师将体育品德培养自然寓于体育活动之中，有意识地将学生分成若干小组，由小组共同完成任务。完成任务的过程中，每个人都充当了重要角色，每一角色都有特定的责任，但每个人都需要在他人的帮助下才能完成自身任务，这就需要团队的合作、他人的帮助，才能获得最终的成功。只有妥善处理好个人需要、他人需要、团队需要，才能获得胜利，这种潜移默化培养的团队合作精神有助于学生认识到自私自利、损人利己等是不良习气，以加速学生的良性社会化进程。同时，游戏胜负瞬间变化的多次历练与洗礼，有助于学生正确对待输赢、辩证地看待胜负。

13 如何创设“学、练、赛”一体化的课堂教学活动与情境?

《课标 2022》提出：

➡ 体育与健康课程依据学生的学习需求和兴趣爱好，面向全体学生，落实“教会、勤练、常赛”要求，注重“学、练、赛”一体化教学。

➡ 教师要摒弃说教课、“放羊课”、安全课、单一技术课、测试课等，设计目的明确、内容丰富、情境真实、方法多样、互动良好的完整学习活动，将“学、练、赛”有机结合，引导学生在充分动起来的过程中享受运动乐趣，形成丰富、深刻的运动体验，在做中学、学中思、思中得。

理论阐释

创设“学、练、赛”一体化的课堂教学活动和情境是《课标 2022》对体育教学方式和组织形式提出的新要求，教师要引导学生会学，会练，更要会赛，培养学生的创新意识。“学、练、赛”一体化的课堂教学活动要求教师遵循教育教学规律和学生身心发展特征，对课堂教学内容和教学形式进行构思，通过大单元教学设计，创设“泛化（学习）—分化（练习）—巩固自动化（比赛）”的教学活动情境。学生先建立动作认知，然后进行反复练习，达到熟练、理解程度，最后能将技术运用到实践中，达到活学活用的效果。在整个“学、练、赛”一体化教学活动中，“学”是学习体育课的教学内容，是掌握运动技术的开始和开展体育教学的前提；“练”是学生在教师的引导下进行各种动作技术的练习，是掌握运动技术方法、手段的过程；“赛”是将所“学”“练”的技术或者组合动作运用到实践中，是“学”“练”的再升华和“学”“练”的效果反馈。三者是相互促进、环环相扣、和谐统一的整体。

创设“学、练、赛”一体化的课堂教学是对新样态体育课的新要求，它不仅是“教会、勤练、常赛”的内涵和要求，还有利于打造高质量的体育课堂，挖掘体育课堂教学潜能，促使学生在知识、能力、行为、健康等方面得到全面提升和发展。教师将“学、练、赛”一体化教学实施贯穿体育课的始终，能使教学内容富有逻辑性、系统性和衔接性，教学过程因地制宜、因材施教，更能体现“以人为本、关注差异”的教学理念和实现从“以教为主”向“以学为主”的真正转变，对促进学生形成积极的学习动机、学习态度、学习行为和帮助学生在体育锻炼中享受乐趣、增强体质、健全人格、锤炼意志有着重要的实践价值。

以往的体育教学注重纯技术传授的现象比较常见，学生学完后，并不懂得将技术运用到实践中，遇到问题也不知道怎么去解决，缺乏理论联系实际的深度探索。怎样创设“学、练、赛”一体化的课堂教学活动与情境？为促进学生更好地学、练、赛，教师应怎样更好地进行“教”和“引”？

1. 转换学习方式，消化技能和技术

教师采取适合学生的学习方式，不仅能提升课堂教学的有效性，还能帮助学生掌握动作技术。教师可以依据学情和教材的难易度等采取相应的策略，引导学生积极地“学”：对于较为复杂的动作技术，采取“先练后学”的方式，让学生先自主体验，再引导学生进行观察后再体验，帮助学生掌握、理解技术要领，真正消化动作技术；动作技术有一定难度的，采取“先学后练”的方式，通过小组合作、互帮互学、归纳提炼等形式，设计有助于学生自主、合作、探究的学习方

式，帮助学生真正学会、理解动作技术。

2. 实施阶梯练习，内化技能和技术

由于学生存在个体差异，教师应根据学生的实际情况，有效组织学生实施阶梯式练习，循序渐进地将个人学练、合作学练、集体学练有机结合，设计相应难易程度的练习内容，由浅入深、由易到难、逐步提升、层层递进，形成一个由低级到高级、由简单到复杂的运动技能的迁移，让学生自然地体会和完成动作，真正内化技术和技能。教师在体育课堂上组织学生进行有趣、巧妙、合理的阶梯练习，不仅能够巩固提高学生的动作技术，发展学生体能，而且还能够丰富课堂学练形式，提升课堂教学的趣味性，激发学生课堂学习的兴趣。

3. 拓展致用途径，优化技能和技术

“赛”是“学”“练”的延伸和拓展，体育技能的形成需要经过“认识—实践—再认识—再实践”的过程，最终优化成自己的内在本领。教师将学生需要掌握和理解的动作技术与“赛”有机融合，引导学生合理运用技术，会极大地提高学习效率。例如，根据学生的技能情况，设计不同形式“赛”的环节，如技巧挑战赛、越级赛、争霸赛、积分赛等；充分开发课程资源，通过降低标准及改变比赛规则、形式、难度等，提升比赛的趣味性、竞争性和综合性，增强所学技术在比赛中的运用能力，真正达到能用、会用。教师还应借助竞赛对学生进行正面引导与教育，让学生养成诚信自律、遵守规则等体育品德，以更好地落实体育与健康课程要培养的核心素养，促进学生全面发展。

案例解读

案例 2-7 水平三：田径立定跳远教学片段

◎环节 1 交流探究，体验动作（学会）

师：同学们，我们一起来体验立定跳远。跳完后，同学们要记住自己每次跳的成绩，总结是什么原因导致每次成绩不一样。

学生自主体验学习，练 5 次。

师：你们每次跳得一样远吗？为什么有时候会跳得近呢？怎样才能跳得远？两个人一组，边体验学习边讨论。

学生继续探究、交流体验学习，练 20 次。

师：大家说一说怎样才能跳得远。

学生交流、讨论，提出以下要点：①用力摆臂、蹬地；②屈膝缓冲；③起跳有角度。

◎环节 2　综合练习，激发兴趣（勤练）

（1）出示挂图，组织学生跳过折叠的小体操垫，强调安全，在学生练习过程中巡回指导、纠正。学生自主体验高度，练 10 次。

（2）组织学生跳过打开的小体操垫，强调安全，在学生练习过程中巡回指导、纠正。学生自主体验远度，练 10 次。

（3）组织学生做“猜拳行令”的游戏，参与调控。学生两人一组，体验练习，练 5 次。

（4）组织学生利用场地的线进行练习，并标记学生每次落地的点，看学生每次跳得有没有进步。学生练习 5 次，学会丈量方法。

（5）组织学生将打开的垫子横竖摆放后尝试跳过小体操垫，强调安全，在学生练习过程中巡回指导、纠正。学生两人一组，自主交换练习，练 5 次。

（6）组织学生结合自己的能力水平，选择不同距离的练习区域，有针对性地进行挑战练习。

◎环节 3　灵活运用，提升欲望（运用）

（1）组织学生进行组内比赛，六人一组，每组优胜者参加班内争霸赛，并公布争霸赛总冠军。

（2）组织学生利用课堂所学的技术，结合跑、绕、钻等基本动作，思考并练习如何躲避前方的小体操垫。各组结合游戏要求，创新性地布置场地（见下页图），摆设垫子，分组练习和比赛，练 4 次。

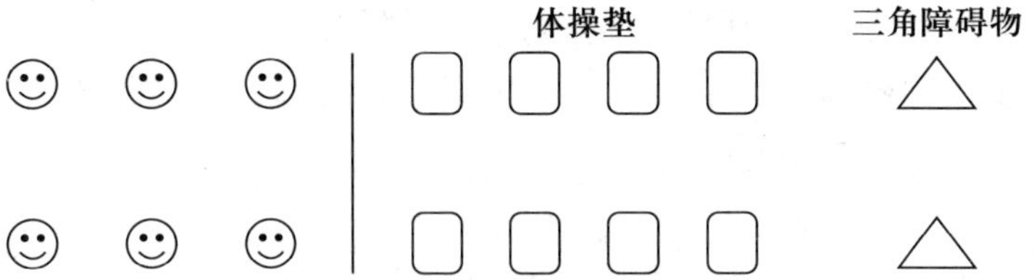

障碍跑比赛练习示意图

◎评析 拓展致用途径，优化技能和技术

将“学、练、赛”充分结合在一起，体育课堂才有灵魂，才有效果。本案例是水平三“立定跳远”的第二课时，通过本节课的学习，学生会运用立定跳远解决实际问题。

1. 问题驱动，精妙地“学”（学会）

“学”是课堂学习的基础，以解决问题为根本。本案例结合学生已有经验，采用“先学后练”的形式，课前预学，安排学生提前体验和总结；课中导学，围绕“怎样跳得远”，结合体操垫的长度和高度体验跳得远的方法；交流学，总结出跳得远的技巧。学生通过亲身体验学习，总结动作技巧，能真正理解、掌握动作技术，为后续的“练”奠定基础。本案例中，教师给学生搭建研究框架，设计的问题能触碰到动作技术的重难点，引导学生积极、主动思考学练过程中遇到的问题。

2. 多层设计，精确地“练”（勤练）

“练”是课堂学习的重要体现，目的是掌握、学会。结合实际，教师可设计不同层次的练习，帮助学生掌握、学会动作技术，进而真正转化为运动能力。本案例教师通过让学生自练、对照挂图练习，帮助学生形成动作记忆；最后通过“猜拳行令”、跳过横竖垫子、不同区域挑战等多层次练习，逐渐引导学生掌握技巧。无论采用什么练习途径和方法，都应立足学生和练习内容，既要关注个体差异，又要关注练习效果，缺一不可，否则所设计的练习就会流于形式，达不到效果。

3. 搭建平台，精准地“赛”（实践运用）

“赛”是引导学生学以致用，最终目的是让学生养成终身运动的好习惯。“赛”是检验学生是否理解、掌握、学会的重要标准。教师要尽可能地给学生搭建平台，引导学生精准地用学到的技能来解决实际问题。本案例中教师通过让学生“自测（学会丈量）—分组赛—总冠军赛—障碍跑”等活动，循序渐进地优化技能，进一步达到检验、运用的目的。教师充分把握了“以赛导学、以赛代练”的功能，优化学情，设计出难易适中、与所学技术融合的拓展项目，通过这一环节的扩展，帮助学生更加深刻地理解动作技术。

教师基于学情，以问题为驱动，设计多层练习，搭建拓展平台，创设“学、练、赛”一体化的课堂教学活动，帮助学生快速地理解、掌握，提升技能运用能力。

案例 2-8 水平三：篮球行进间运球教学片段

（1）组织学生体验运球走，观察、体会手拍按球的部位发生的变化，练 6 次。

（2）组织学生运球跑动，体会手拍按球的部位发生的变化。学生在教师的点拨、引导和提示下，边体验边探究，练 4 次。

（3）组织学生加快运球速度，体会手拍按球的部位发生的变化。学生在教师的点拨、引导和提示下，继续边体验边探究，练 4 次，并分享探究的成果：随着运球速度的加快，手拍按球的部位逐渐过渡到球的后侧上方，使球有节奏地向前行进。

（4）引导学生对照图解和老师的示范，继续体验运球跑，并记住要点。学生在教师的反复提示、指导和纠正中，体验运球跑。

（5）组织学生一起围着标志物进行集体运球走，注意运球时手型的控制。学生在教师的反复提示、指导和纠正中集体练习，熟悉路线。

（6）组织学生按照节奏进行集体运球跑练习，提示学生注意运球时手拍按球的部位。学生随着教师的击掌声和口令进行集体运球跑，练 2 次。

（7）讲解、示范篮球接力赛规则。学生在教师的激励、提示和调控下分 8 组进行比赛，练 2 次。

师：同学们，今天我们学习了行进间运球的方法，学技术最重要的是会用，接下来我们自由组合，进行简易篮球比赛、四门球比赛、运球过障碍、螃蟹托运，希望大家能把今天学到的技能运用到实践中。

学生分四组进行比赛，各小组进入比赛场地练习。

◎评析 转换学习方式，消化技能和技术

本案例是水平三行进间运球的活动场景。教师以“运球走和运球跑，手拍按

球部位的变化”作为问题导入，层层铺垫，处处设问，激发学生对行进间运球技术的自我探索。通过自主体验、合作探究等学习方式，引导学生理解行进间运球的动作技术，为学生建立行进间运球的基本动作表象提供模仿和想象的空间，从而引导学生学会思考、学会寻找解决问题的办法。

教师改变以往的练习形式，围绕着“练”这一中心，进行创新设计，先让学生自我体验、总结，然后带着提炼的技巧进入到“练”，通过变换节奏的集体运球跑、篮球接力等形式，进行多次有质量的练习，逐渐让学生理解、掌握运动技能，享受打篮球的快乐，激发练习兴趣。

只有掌握、理解才能会运用，方式要得当，否则会起反作用。结合实际，教师可以对现有运动项目进行改造，开发适合学生的拓展项目，如通过简化规则、改造场地等，增强学生的技术运用能力和学习欲望。本案例中，教师改变思路，简化比赛形式，依据学情分别设计简易篮球比赛、四门球比赛、螃蟹托运等，引导学生活学活用，激发学生的比赛欲望。

教学有法，教无定法，贵在得法，创设良好的活动环境，能让学生跳出“学”“练”的思维，更能引导学生灵活运用体育技能，培养学生的心智能力。

14 如何在体育教学中渗透体育文化?

《课标 2022》提出：

➡ 课程内容专项运动技能中增加中华传统体育类运动，培养学生文化自信，促进学生理解和践行中华传统体育和养生文化。

➡ 新兴体育类运动除了与其他类运动具有共同的育人价值和能力要求外，在增进学生对不同国家和地域体育文化的了解，激发学生的求知欲与探索欲、好奇心与冒险精神等方面具有独特的育人价值。

➡ 学生使用的教科书主要呈现健康教育、体育文化和体育精神等内容。

理论阐释

体育作为人类出于某种需求而创造出来的活动，是一种完全由意识推动的活动，其毫无疑问是一种文化现象。可以说，体育是一种身体的、精神的、传统的、现代的、开放的、共赢的、全球的文化。[①]

从狭义的角度看，体育文化是狭义文化与体育的交集，它与人类身体活动相关，是能够促进人的全面发展的一种精神文明或观念，既有文化属性，又有体育属性。

1974 年出版的《体育运动术语词典》将体育文化解释为广义文化的一个组成部分，指各种利用身体练习提高人的生物学和精神潜力的范畴、规律、制度和物质设施的综合。

体育文化作用于人的身体，能强健人的体格；作用于人的心理和社会适应性，能通过促使人的思维、观念、能力、行为准则、道德规范等适应社会的发展需求，进而完善人格，尤其是对正在成长的青少年具有重要的意义。学校体育作为一种文化存在，具有“以文化人”的特质，这是学校体育具有全面育人价值的前提。只有当学校体育将体育文化的完整内涵贯穿于整个体育教学过程中，才能真正实现其全面育人的价值。

那么，如何在体育教学中渗透体育文化？

1. 树立正确的体育价值观

教师只有充分认识、理解学校体育在教学中的文化价值，才能在教学中超越符号知识的狭隘定位，关注知识的文化背景，主动传承和创造文化。具体来讲：一方面，要提升对体育知识的理解，能够敏锐地察觉体育项目所承载的文化传统和文化价值，并能够有意识地将其融入体育教学中；另一方面，要尊重学生个体差异，提升教学过程中的敏感度和包容性。对具有不同体育文化背景的学生，教师要持肯定态度，为不同文化背景的学生提供有意义的学习资源。只有这样，才能组织有效教学，促进学生身心全面发展。

① 何俊，钟秉枢．拟制宗族与优势项目成绩获得——一种社会学的解释［J］．体育与科学，2017，38（2）：54-60.

2. 深入挖掘课程知识的文化内涵，推进体育教学方式变革

《课标 2022》中倡导将教师的动作示范、重点讲解与学生的自主学习、合作学习、探究学习有机结合，将集体学练、小组学练与个人学练有机结合，注重将健康教育教学理论讲授、交流互动与实践应用相结合，激发学生的学习热情，帮助学生理解和掌握知识与技能，提高解决体育与健康实际问题的综合能力。教师要多问一些为什么，不要让学生成为被动模仿动作的“机器”。学生动作技能的形成、运动成绩的提高都有背后的科学依据。例如，双手在胸前抛实心球的学习，教师可以为学生分析物理学抛射运动原理等帮助学生掌握动作技术。

3. 挖掘课程知识的文化要素，促进体育知识的意义学习

体育教师应将课程知识作为一种多层次的文化资源去探寻和挖掘。具体包括：一是学校体育的外层文化，即文化的符号存在形式，它是带有人类创造色彩的物质实体，主要涉及项目知识、动作技术、器材设施、体育商品及相关学科知识等；二是学校体育的中层文化，即社会关系系统，指一定的社会制度、人际关系及组织形式等，主要涉及体育项目的学练原则、规则要求、竞赛制度及体育运动的组织形式等；三是学校体育的内层文化，即体育的精神内核，表现为一定的体育价值观、情感、态度等文化内涵，它决定着文化的本质，主要涉及体育项目的思维方式、文化传统，以及相关的宗教情绪和民族心理等。这就要求体育教师在教学中要依据不同项目的特点进行分析，将体育文化融合于体育教学内容、教学方式方法中，尤其要注重引导学生对不同运动项目内层文化精神的体悟，促进学生对课程知识进行文化层面的整体性建构。

例如，武术作为传统体育项目，蕴含着深厚的文化底蕴、人文关怀、审美素养、价值引领，其在历史积淀中形成的行为方式、思维品质和心理特征均可以与社会主义核心价值观相融合，教师在教学中渗透相关武术文化，可以促进学生加深民族身份认同，有助于实现育人目标。教师自身应丰富传统体育项目的文化知识，包括历史起源、发展脉络及当代价值等。

案例解读

案例 2-9　水平三：中华传统体育舞狮教学设计

本案例改编自福建省厦门市湖里实验中学陈明亮老师《舞龙舞狮运动在初中体育教学中的开展》，原载于《吕梁教育学院学报》2020 年第 37 期。

舞狮运动作为一项集体健身运动，能够展现我国传统民族精神，能够在合作之中展示我国民族团结的力量，在我国传统体育项目中占据十分重要的地位。教师通过舞狮教学增强学生体质，激发学生对我国传统文化的兴趣，促进传统文化的传承。

【教学目标】

（1）了解舞狮的起源、发展历程，知晓舞狮是中华民族传统体育活动。

（2）初步了解舞狮的文化含义，学习舞狮的基本舞法，并能够通过所学动作编排各种创新组合。

（3）激发热爱舞狮的兴趣，增强对民族文化的认同感。

（4）通过学习舞狮发展协调能力，提高模仿能力及相互合作的配合能力和团队精神。

【教学流程】

（1）在课堂开始时，教师展示有关舞狮的录像、图片、资料等，使学生对舞狮有初步印象和了解。

（2）教师讲解示范，使学生掌握舞狮打招呼、打瞌睡、翻滚、摇尾巴等基本动作。

（3）巩固练习，五人一组，模仿练习，掌握多人舞动的要点并快乐地参与其中。

（4）学生了解舞狮与音乐节奏配合的方法，初步学会舞狮动作与音乐的配合技巧及动作要领。

（5）学生初步学会舞狮的表演动作，并发挥自主性，根据音乐节奏进行表演。

（6）学生自行编排舞步，开展舞狮表演比赛，教师检验学习成果。

（7）学生总结收获，教师点评。

◎评析　巧用舞狮教学，体验传统民族体育项目乐趣

本案例的设计响应了《课标 2022》提出的课程内容资源整合、开发与利用的精神，选择了极具特色的民族传统体育项目——舞狮为教学内容。

舞狮活动运动量不大，竞争、竞技和趣味性强，需要很好的团队合作。这能很好地激发学生参与的积极性，让学生在这项运动中得到力量、速度、耐力及灵活性等方面的锻炼。同时，学生还能通过创编动作，培养创新能力和思维。

舞狮教学内容既可以促进学生体能的发展，提升学生的灵敏性和协调能力，培养自信心与良好的合作意识，又能培养学生的学习兴趣和创造能力，陶冶情操，使学生了解中华民族优秀的文化历史，感受舞狮带来的乐趣。

舞狮作为一项民间活动，在当前的社会文化发展背景下，得到越来越多人的重视和喜爱，并发展成为一项完善的体育项目。在体育教学中，学校应充分认识当地特色民俗活动的重要教育价值，全面客观地了解当地特色民俗活动现状，充分发挥体育课程的优势，深化学生对传统文化活动的传承。

15　如何在体育教学中实施健康教育？

《课标 2022》提出：

➡ 引导学生将体育与健康知识、技能和方法运用到体育学习、体育锻炼、运动竞赛和日常生活中，增强学生的理解能力和实践能力。

➡ 注重将健康教育教学理论讲授、交流互动与实践应用相结合，激发学生的学习热情，帮助学生理解和掌握知识与技能，提高解决体育与健康实际问题的综合能力。

理论阐释

1. 健康教育的内涵

体育与健康课程是研究体育教育与健康教育理论与方法，提高运动能力、促进人类健康的综合性学科，对人的健康素养的形成是不可或缺的。健康素养是健康知识与理念、健康技能和行为的综合，是生理健康、心理健康、社会健康和道德健康的综合。它是经过长期的健康教育活动形成的，以获得健康为目的的行为方式与手段，是中国特色社会主义新时代下的体育功能与价值属性的体现。《课标2022》指出：健康教育包括健康行为与生活方式、生长发育与青春期保健、心理健康、疾病预防与突发公共卫生事件应对、安全应急与避险五个领域的内容。健康教育对于指导人们学习运动、提高运动能力、形成健康意识和行为与健康管理技能、提升国民的体育与健康素养、推动社会文明进步、实现中华民族伟大复兴都具有非常重要的作用。

体育教育的目的就是为了实现学生身心的健康发展。青少年的健康成长不仅仅是身体上的健康也是心理上的健康，孤立地发展体能和运动技能而忽视健康知识教学的体育是残缺不全的。体育与德育、智育、美育存在着有机的联系，因此，必须从德智体美劳相互联系、相互促进的视角来认识和理解体育。体育不仅是"体"的教育，更是"人"的教育。义务教育体育与健康课程以身体练习为主要手段，以体育与健康知识、技能和方法为主要学习内容，以发展学生核心素养和增进学生身心健康为主要目的，具有基础性、健身性、实践性和综合性的特点，是学校教育的重要组成部分，对促进学生德智体美劳全面发展具有非常重要的意义。学生正常的生长发育是进行体育锻炼的前提，同时又是体育锻炼的结果，两者必须有机地结合起来。

身体是体育与健康的基础，体育是实现身体健康的工具与手段，健康则是身体与体育的价值追求。健康教育的关键在于科学地引导学生开展健康体育锻炼，并将其充分融合于整体的教育体系之中，让学生可以借助相关的体育专业知识与技巧的学习，形成良好的体育意识，强调理论与实践的全面融合，有效展现出体育教育的实用性，进一步提升学生的学习兴趣，逐步引导学生养成良好的生活习惯，培养学生坚韧的意志力。

2. 健康教育在体育课堂教学中的培养与实施

健康教育是体育教育的主要内容，体育教育是实现健康教育的工具、手段与行为方式，其价值就是实现人的健康。儿童、少年、青年时期的身体发展主要以接受学校体育教育与健康教育为主，以形成和发展体育素养与健康素养为主。体育与健康课程帮助学生掌握相关的体育专业知识、学习与技能，全面培养学生的体育文化，包括体育专项知识和技能，强调理论与实践的全面融合，更好地展现体育教育的实用性与应用性；同时，深入培养学生健康的体育意识，通过体育课程教学进一步提升学生对体育课的兴趣，逐步引导学生养成良好的运动与生活习惯，进而形成完善的体育品德。

中小学阶段是儿童青少年生长发育的关键时期，也是接受能力最强、可塑性最大的时期，亦是各种行为习惯和生活方式养成的黄金时期。健康教育可以丰富中小学生健康知识，提高健康技能，促进学生建构新的健康理念、养成健康的行为和生活方式，进而改善其体质健康状况。健康教育还可以通过儿童青少年影响家庭和社会，进而达到全民健康、终身健康的目的。体育教师要为学生创造和谐的学习环境，让学生在有效学习相关体育知识与技巧的同时，能够切实发挥创新力，培养体育思维的灵活性，不断激发他们学习与参与体育教学互动的兴趣。

在体育与健康课程教学开展中，体育教师要将学生的日常生活与体育课内容相融合，有效实现专业知识与教育对接，引导学生将体育的技能与精神全面结合并运用到日常学习生活之中，进一步增强他们的体育素养。如体育教师在教学中可积极引导学生以赛事的方式进行学习，或激励学生将篮球运动与健美操教学相结合，创新为篮球健身操。体育教师对教学内容的持续创新与拓展，能够有效地实现体育知识与日常生活的相互融合，为增进体育教学效果打下坚实的基础。

案例解读

案例 2–10　水平四：健康理念形成教学片段

本案例由辽宁省大连市第四中学张佳老师提供。

【教学目标】

（1）了解健康的定义并运用健康知识指导生活方式。

（2）树立现代健康观念，培养健康意识。

【教学重点】

对自身健康状态进行客观的评价。

【教学难点】

现代健康观的内涵。

【教学实施】

◎环节1　理解健康新概念

师：同学们，你们觉得自己健康吗？

生：健康，因为我们基本都不生病，不吃药。

师：健康的概念是什么呢？请同学们看课件内容寻找答案。

出示资料　健康新概念

·**提出**　1948年，世界卫生组织（WHO）提出了著名的健康三维概念——健康不仅是没有疾病或不虚弱，还是身体的、心理的和社会的完美状态。1989年，世界卫生组织进一步定义了四维健康新概念——一个人在身体健康、心理健康、社会适应健康和道德健康四个方面皆健全。

·**表述**　健康不仅仅是指身体没有疾病或身体不虚弱的状态，而是包含身体、心理、社会适应能力和道德的全面的状态。

·**意义**　①现代健康观将对健康的认识提高到一个新的高度和境界，纠正了“健康就是没有疾病”这一观点的偏差；②明确指出健康应该包括身体健康、心理健康、社会适应、道德健康四个方面，纠正只重视身体健康，忽视心理健康、社会适应、道德健康的观念；③把“健康”放置在人类社会的广阔背景中，进一步指出关心人们的健康不仅是医务工作者的工作，也是国家和社会的责任。

师生交流讨论，得出结论：

（1）没病就是健康，这是传统健康观。

（2）世界卫生组织提出的健康新概念，体现了现代健康观。

（3）体育锻炼是促进健康的重要手段。

◎环节 2 了解现代人的健康标准

出示资料 现代人的健康标准

·有充沛的精力，能够从容不迫地应对日常生活和工作压力而不感到紧张。

·处事乐观，态度积极，不挑剔。

·善于休息，睡眠良好。

·应变能力强，能适应环境的多种变化。

·能够抵抗感冒和一般性疾病。

·体重得当，身材匀称，站立时肩臂位置协调；眼睛明亮，反应敏锐，眼睑不发炎；牙齿清洁无空洞，无疼痛，无出血现象；头发有光泽，无头屑；肌肉有弹性，走路感觉轻松。

教师引导学生按照现代健康观的标准进行自测。学生分成六组，一个小组朗读一条标准，其他五组进行自测，以每条 10 分计算，60 分为满分。

师：同学们读得很用心。现在算一算自己得了多少分，说一说自己在哪方面要加强。

学生计算自己的健康分值，分析自己的不足。

师：大家已经知道，身体没有疾病并不一定表示一个人就是健康的。只有当身体、心理、社会适应、道德四个方面都健康才是一个真正健康的人。我国健康专家提出的中国人的健康标准，更体现了这四个方面的要求。请大家对照下面的标准自评，制作一张“自我健康评测表”。

出示资料 我国健康专家提出的中国人的健康标准

·**吃得快** 进食时有很好的胃口，表明内脏功能正常。

·**便得快** 一旦有便意，能很快排泄大小便，且感觉轻松自如，表明胃肠消化功能良好。

·**睡得快** 上床后能很快熟睡，醒后精神饱满、头脑清醒，说明中枢神经系统的兴奋、抑制功能协调，且内脏无病理性信息的干扰。

·**说得快** 语言表达正确、说话流利，表示头脑清楚、心肺功能正常。

·**走得快** 行动自如、活动敏捷，说明精力充沛、旺盛。

· **良好的个性人格** 性格温和，意志坚定，具有坦荡胸怀与豁达乐观的心境。

· **良好的处世能力** 看问题客观现实，具有自我控制能力，能适应复杂的社会环境。

· **良好的人际关系** 待人接物大度和善，不过分计较，助人为乐，充满热情。

◎评析 推动大体育大健康理念，建立良好的健康观

本案例中，教师为达成教学目标，精心制作课件，设计教案，通过趣味导入讲解，让学生了解健康的概念，了解人的健康标准。通过对比两种健康观展开讨论交流，使学生对健康有了更深更全面的认识，调动学生积极参与自评环节，提高了课堂教学内容的实用性。教师深入研究教材，用问题设置调动学生的学习热情，展示现代人健康标准的资料，引导学生分组对照健康标准，考量自己是否合乎标准，完成自我评价。这样分组与团队合作的方式，让学生能够更详细、准确地掌握健康的内涵，了解影响健康的各种不良因素，提高对个人健康和群体健康的责任感，形成健康的生活方式，形成积极进取、乐观开朗的生活态度，也提升学生的交往能力和合作态度，促进学生的身心全面发展，基本达到本次健康理论课的目标。

体育教师要树立"健康第一"的思想，使学生了解健康的重要意义，培养学生良好的健康习惯，为学生提供心理、生理卫生知识教育服务，开设心理健康讲座，培养学生调控情绪的能力，帮助学生形成坚强的意志品质，具备预防心理障碍和保持心理健康的能力，具有和谐的人际关系、良好的合作精神。

第三部分
“课程内容”解读

《课标 2022》提出“健康第一”的教育理念，以学生发展核心素养为引领，根据学生运动技能形成规律和身心发展规律，注重体育与健康课程内容整体设计，体现保证基础、重视多样、关注融合、强调运用等理念。课程内容的结构在横向上包括平行的基本运动技能、体能、专项运动技能和跨学科主题学习等大类，纵向上体现了各学段之间知识技能的有效衔接和递进关系，构建了体育与健康并重、理论与技能并行、知识与教育并进，逻辑结构清晰、系统连贯的课程内容体系，确保学生学习和掌握结构化的体育与健康知识、技能，为学生参与运动和养成健康的生活方式奠定基础。

16　如何通过简化技术和降低难度，让学生获得运动项目的成功体验？

《课标 2022》提出：

➡ 在降低技术要求和简化规则的游戏中，学习和体验各种运动项目的基本动作和简单组合动作，并能运用于游戏和比赛中。

➡ 通过限制练习条件、降低难度要求等方法，引导学生自主体验所学运动项目的完整动作技术，增强学生对所学运动项目的全面理解，获得成功体验。

➡ 重视运动项目游戏情境的创设，适当调整规则与要求，变换场地与器材等，激发学生学习的积极性，使学生获得成就感，建立自信心。

➡ 根据体育与健康课程的特点，开发与利用课程内容资源，结合学校和学生实际，创编一些新的体育运动项目，改造现有的运动项目。

理论阐释

体育与健康课程具有丰富的价值内涵，对学生的情感态度与价值观具有潜移默化的影响。

通过简化技术、降低难度，让学生获得运动项目的成功体验，教师应针对不同性别、性格、体质、体型的学生，对所要传授的运动项目进行“加工处理”，改变技术规格，减轻学习难度，研发适合学生学习、符合学生身心发展、能激起学生运动兴趣和需求的教学内容，使运动项目贴近学生实际，易操作、易体验、易完成、易成功。如传授投掷技术时，用纸球代替垒球；组织篮球拓展比赛时，可以用“四门球”比赛来调整篮球比赛规则等。

《课标 2022》指出，体育与健康课程以中国学生发展核心素养为引领，重视育体与育心、体育与健康教育相融合，充分体现健身育人本质特征。小学生都有一定的表现欲，高年级的学生表现欲望更强烈，而且他们的自尊心、自信心、好奇心也很强。假如学生在体育课上体验不到学习的愉快和乐趣，反而更多体验到的是因失败带来的挫折感，那么学生上课的情绪就会受到影响，更不会积极、主动地参与到体育学习和活动中，进而会对体育课失去信心。教师要学会量体裁衣，最大限度地根据学生的实际情况来简化技术、降低难度，让每一个学生“跳一跳”就能摘到“果实”，体验到成功的喜悦，提高对自己的认可度，进而更主动、更积极地上好体育课。

在体育课教学中，情绪调动着学生对学习的态度和参与学习的主动性、积极性，影响着体育教学的质量。那么，在体育课上，怎样才能通过简化技术、降低难度，让学生获得运动项目的成功体验，从而完成体育教学任务，提高体育教学质量？

1. 深入诊断学情，启发学习动机

教师应更新教学观念，关注差异，因材施教，让每一个学生都能学有所得，学有所成，感受到体育课上成功的乐趣，特别是要帮助那些学习中有困难的学生获得成功的体验。因此，教师要根据学情和教材，适当转变自己的思路，灵活多变地优化教学内容、创新教学过程，调动学生学习的主动性和积极性，使其产生主动学习的动机和行动。

2. 改造运动项目，简化技术要求

教师可以根据学生的身心发展特征和运动兴趣需求等，对难度较大的运动项目进行改造或简化，包括将一些竞技性或成人化的项目规则进行简化、降低技战术难度要求、改造场地与器材等，使之“演变”成更适合小学生参与的项目。如扩大足球门、降低篮筐的高度、简化或修改游戏规则、减轻投掷重量等。

3. 设定弹性目标，实施分层教学

目标引领内容。教师要认真分析教材，有效设计分层教学内容。根据学生的个体差异、不同学习需求和对动作的掌握程度等来设定并及时调整教学目标，关注每一个学生的发展和不同需求，在充分尊重个性的基础上区别对待，特别要关注体育基础差的学生。在课堂教学中，根据学生的不同情况实施分层教学：采取“逐级跃进”的形式，划分不同难易程度的练习区域，利用多变的器材，引导学生选择适合自己的练习区域，完成不同难易程度的运动项目以获得成功体验。

4. 精化组织形式，促进学生参与

教师将标准的动作进行“变形”或“降幂”，通过专门性或者诱导性练习，增加学生的练习兴趣与运动体验，如在进行速度教学时，可组织冲刺跑接转身、跨越小障碍等比赛；在速度练习中，可以让学生进行情境式的追逐游戏，加入跳过或躲过障碍物的环节等。教师以游戏、比赛的方式来组织教学，在学生玩的过程中穿插技术讲解环节，便于学生更好地在玩中学。对于技术难度大的球类、体操及其他项目，教师可以选择同类项目中难度小、易掌握的技术动作进行分组练习，不同组别练习不同难度的内容。

案例解读

案例3–1　水平三：排球正面下手发球教学片段

◎环节1　你说我做：自主体验，泛化技术

教师播放提前录制的正面发球视频和发球口诀录音。发球挥臂动作要领为：正面开立面对球网，左手托举排球位于右前方，右手伸直手臂向前摆，在腹前击球后下方。教师引导学生分解徒手挥臂练习，并进行提示和点拨。

学生隔网相对站，观看发球视频、听录音口诀，进行“你说我做”徒手挥臂练习。

教师组织学生进行击固定球示范，一人双手持球于胸前，另一人用右手将球击出。学生两人一组，相距一臂而站，一人双手上下持球侧向站立，一人面向击球站立，进行正面原地击固定球练习（见下页图）。

教师示范分别相距3米、6米进行轮换发球。学生两人一组，相距3米、6米迎面轮换发球。

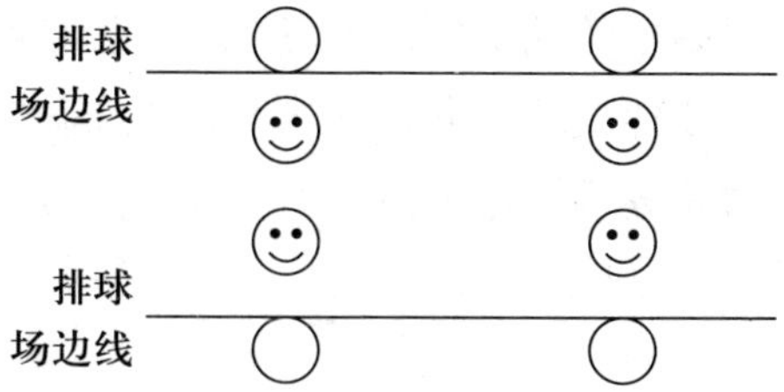

正面原地击固定球练习示意图
（○：侧向站立学生双手上下持球 ☺：准备击球的学生）

◎环节2 谁是球王：强化指导，分化技能

教师利用挂图引导学生模仿练习，强调动作要点，对学生错误动作进行纠正。学生集中观摩挂图，分组体验，练习时相互“兵”教“兵”。

教师讲解原地发球的标准动作方法并示范。学生观摩，并分组进行练习。

教师讲解“谁是球王”的比赛方法和规则并示范（见下图），组织学生进行一分钟发球比赛。

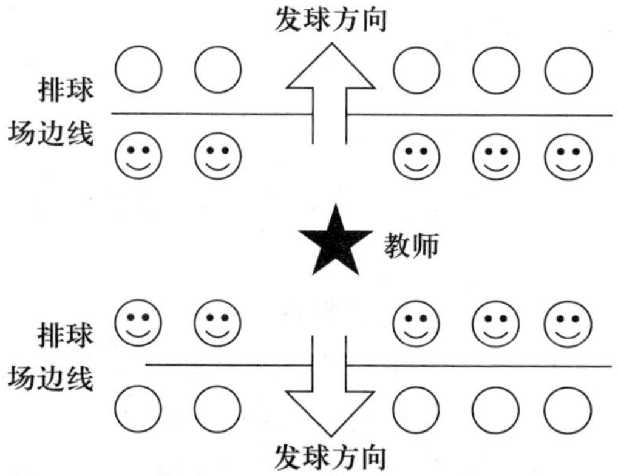

“谁是球王”比赛组织示意图
（○：排球 ☺：学生）

学生观摩“谁是球王”示范，在教师的调控下进行发球，比谁先得到规定的分数。

教师根据学生实际水平，设置以下四种不同层次目标进行分层练习，并巡回指导，纠正错误。

（1）原地击悬挂一定高度的固定球，练习击球的稳定性。

（2）距离球网6米，原地发球击准，练习发球的准确性。

（3）距离墙9米，对墙进行原地正面下手发球，练习发球的力量。

（4）动作掌握比较好的学生，两人一组，分别站在场地两条边线外，隔网练习正面下手发球。

学生根据自己的实际情况进行不同层次目标的练习，并在教师的组织下分组展示学习效果，相互学习。

◎环节3　你发我追：拓展提升，巩固技能

教师讲解“你发我追”游戏方法，并示范游戏动作。

游戏规则

一人发球一人追接球。发球者要求把球发过一定高度的绳子，且球落在规定的范围内。如果发球成功但接球失败，发球者胜；如果发球失败，不管接球者接没接住，都是接球者胜；如果发球成功且接球成功，那么还是接球者胜。最终看谁获胜。

学生认真听讲游戏方法与规则。

教师组织学生进行游戏和比赛，学生在游戏和比赛过程中体验合作互动。

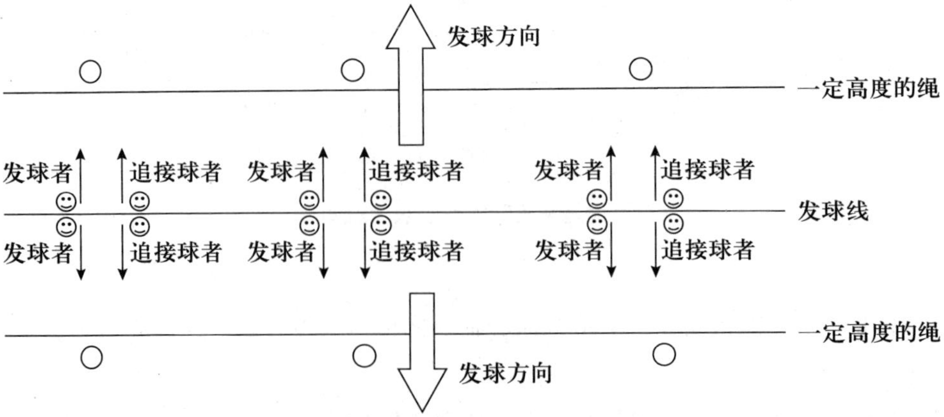

“你发我追”比赛组织示意图

（○：排球　☺：学生）

◎评析 简化技术，降低难度，让不可能变成现实

简化技术，降低难度，对现有运动项目进行改造，可以满足不同学生的发展，最大限度地使学生得到锻炼，享受乐趣、陶冶情操。

本案例是水平三排球正面下手发球的第二课时，教师通过开发课程资源，降低发球难度、缩短发球距离来设计活动，实施分层弹性教学，给学生架“桥梁”，让学生产生积极的情感体验，达到高效课堂的目的。

1. 优化学情，精妙设计

在体育教学中，教师加强对课程资源的开发与利用，不仅能对现有运动项目进行“研发”改造，而且还能拓宽体育器材功能，找准学生兴趣点，激发他们的兴趣。本案例中，教师设计观看发球视频、听口诀录音提示、击固定球和“3、6米”轮换发球、“谁是球王”比赛等多种练习，通过简化动作技术、缩短发球距离等，引导学生进行技能迁移，使学生很快学会动作，感受学有所获的快乐，进而培养学生的创造能力、探究能力和解决问题的能力。

2. 目标牵动，精准施策

本案例中，教师在确保学生基本掌握发球技术之后，根据学情对课程内容进行了调整。课前教师预设的是在正规场地进行发球比赛，由于个别能力较弱的学生很难把球发过网，于是教师生成新的思路，降低教学难度，设计原地发球、对墙练发球、二人隔网发球、你发我追等不同层次目标的挑战性学习任务，巩固练习成果。教师在课程设计中把体能发展与技术运用结合起来，引导学生层层突破，完成任务，掌握运动技能。

教师只要从学生的实际出发，立足学生需求，合理运用教材，依据动作技能形成规律，找准切入点，合理简化运动技能和降低动作难度，就能让学生在运动项目中获得成功的体验。

案例 3–2 水平三：田径急行跳远教学片段

水平三的学生模仿力较强，具有一定的跳跃基础，但缺乏理论知识。教师简化技术要求，使学生认识到只有学会必要的知识才能不断进步。

师： 同学们，小体操垫在体育课中有很多作用。下面同学们把小垫子打开，用自己喜欢的方式跳过小垫子。

学生打开小垫子，进行各种各样的跳跃练习。（10 次）

师： 现在以横排四人为一组，将小垫子连起来。大家觉得连起来的小垫子像什么？

生： 像一座桥、像跑道……

师： 假设这是一座独木桥，我们在桥上跑，任何同学不能掉到河里，看谁跑得快！

学生分组分别进行慢速跑、快速跑过“独木桥”练习。（4 次）

教师让学生尝试用不同的跳跃方式跳过独木桥。学生在桥上单脚或双脚跳。（4 次）

师： 现在出现情况了，“独木桥”断开了，大家尝试一下，怎么才能通过？

学生在跑动中跳跃一定宽度的裂缝。（6 次）

师： “独木桥”断裂的宽度逐渐加大，同学们想一想，接下来怎么能通过？

学生小组讨论尝试通过的方法。

师： 你们是用什么方法通过的，是怎样做的？

生： 跑动中一定要单脚起跳，而且跑的速度要快才行；起跳位置要适当……

师： 同学们可以根据自己的实际能力，选择不同断裂程度的“桥”通过。

学生自己按能力分组，选择适宜的场地进行练习。（6 次）

师： 当“独木桥”断裂的宽度超过我们跳跃能力的时候，我们应该用什么方法通过？

生： 将小垫子放在“断桥”裂缝的中间，跑动中踩踏通过。（10 次）

师： 如果隔一段距离放一块垫子，同学们怎样才能通过呢？

生： 跑过、跳过、爬过、滚过……

学生分组进行摆设小垫子和体验练习。

◎评析　精化组织形式，促进学生参与

本案例是急行跳远的教学片段，重点是让学生体会助跑与踏跳的结合。跳远运动项目对学生而言，比较难掌握。因此，教师将跳远教学内容稍稍进行简化，降低技术难度，获得了很好的教学效果。

1. 创设生活情境，激发学生欲望

本案例中，学生在学习急行跳远的过程中热情高涨。他们通过走、跑过“独木桥”、跳过“断桥”等方式练习。教师在简化技术的情况下，将助跑与起跳结合。学生也逐渐总结出：要想顺利通过“断桥”必须有快速的跑动、单脚起跳和控制身体平衡的能力。教师在活动中让学生寻找问题、分析问题、解决问题的做法，对培养学生的创新能力有积极的作用。

2. 合理运用器材，拓宽教具功能

开发课程资源，对现有运动项目进行改造，还可以充分发挥器材的功能。本案例教师利用小垫子不同的摆放方式设计不同的情境，使教学变得更加有趣、流畅和自然。这就改变了小垫子通常只在技巧课上使用的单一功能，提高了小垫子在课堂教学中的使用范围，充分开发和利用了体育设施和器材资源。

3. 增加课堂容量，提升课堂效率

简化技能，降低动作难度，能增加学生的练习兴趣与运动体验，产生的效果也会有所不同。本案例教师通过利用小垫子进行多环节练习，有效地将急行跳远运动项目进行简化，增加学生的练习次数和练习密度，增加课堂容量，提升课堂质量，较好地使学生完成本课的学习任务。

17　1～2 年级如何通过体育游戏发展基本运动技能?

《课标 2022》提出：

➡ 基本运动技能包括移动性技能、非移动性技能和操控性技能，主要发展学生的身体活动能力，为学生发展体能和学练专项运动技能奠定良好基础。

➡ 在 1～2 年级，重点通过体育游戏发展学生的基本运动技能，让学生在玩中学、玩中练，激发学生的运动兴趣。

理论阐释

运动技能是人体在运动中掌握的、有效地完成专门动作的一种能力。在小学低年级体育教材中，并没有出现独立的运动专项，因此小学体育教学没有出现专项运动技能，大量出现的则是各类专项所需的、带有共性要求的基础技能。走、跑、跳、投、悬垂、支撑、攀登、爬越、平衡等历来被称为体能。在体育理论书籍中，体能包括人体基本活动能力和身体素质两大部分，人体基本活动能力被称为体能早已被人们所接受。而且它既是体能，又是技能，这一观点对指导小学低年级体育教学极为重要。运动技能反映了体育与健康课程以身体练习为主要手段的基本特征，是体育课程学习的重要内容和实现其他学习目标的主要途径。在小学阶段，要注重体育游戏学习，发展学生的基本运动能力。

中外许多思想家都非常重视对游戏的思考和研究。游戏的复杂性决定了其理论学说的多样性，学者们从生物学、心理学、文化学、现象学等角度对游戏进行研究观察，得出各种不同的结论，对游戏的研究也逐步深入。随着教育的发展，人作为自然人的地位逐渐显现出来，更加重视人性本质的回归。

游戏化教学作为一种教学艺术，就是教师在整个教学过程中，带领学生主动、有序学习的一种教学活动，意在通过游戏活动培养学生的自主意识，使他们在活动中发现问题，通过彼此交流领悟和发现其中的道理，并对学生进行科学方法的训练和科学态度、竞争意识、创造意识的培养。

游戏作为课堂教学的重要形式，应和每堂课的教学内容相呼应。学生在游戏的过程中可以巩固学到的知识与技能，尤其是巩固一些新的技术动作。因此教师要巧妙地设计游戏活动，使学生在游戏中能有效地运用所学的技术动作，起到强化动作的作用。

总体来说，教师把体育游戏有机嵌入到基本运动技能教学中，能够调动学生锻炼身体的积极性，提高运动兴趣，从而提升教学效果，增强体育教学的有效性，进而发展学生基本的运动技能。如何运用、创新更多更好的游戏，并将之融入课堂教学之中，需要教师大胆思考、不断尝试、勇于实践。

小学低年级学生普遍存在性格活泼好动、注意力易分散、情绪不稳定等特点。因此，教学的关键是培养学生的兴趣，培养他们热爱体育、乐于运动的良好习惯。“知之者不如好知者，好知者不如乐知者。”教师要在教学中以学生为主体，以游戏为主线，营造轻松愉快的学习环境，开展以主动探索、人人参与、全体发展为目标的游戏化教学，使学生的学习过程变得轻松活泼，真正做到在玩中学、学中思、思中练，促进学生更有效地学好新知识、新技能。

体育游戏教学符合小学生的成长规律。在日常教学中，为了让学生喜欢体育、热爱体育，促进他们体育情感的发展，教师要精心设计趣味十足的体育游戏。当学生爱上体育游戏后，他们将能持续参与锻炼。在趣味游戏的具体设计中，教师要科学运用各种趣味道具，使体育游戏变得更具新鲜感。同时，要根据学生参与游戏的情况，不断改变游戏规则，使学生获得更好的游戏体验。

案例解读

案例 3–3 水平一：田径投掷教学片段

本案例由辽宁省大连经济技术开发区童牛岭小学李圣杰老师提供。

这节投掷课由“大战士”带领“小战士”进行游戏化教学。教师创设各种有趣的教学情境引导学生进行投掷学习，让学生沉浸在“小战士”的角色中，体验投掷动作的方法及奔跑和躲闪的练习，了解投掷动作及相关知识，体会肩上屈肘动作要领。本课的设计有利于激发学生的学习兴趣，提高学生的参与度，培养学生勇于克服困难的品质，提升小组团结协作的能力，培养学生的爱国主义情感。

◎环节 1 “小战士”炮轰敌营

师：小战士们，敌人在前方阻碍了我们前进的道路，让我们一起去消灭他们吧！在前方有距离不等的三个圆圈，由远到近分别代表着敌方的“指挥部”“军务处”“哨所”。在距离圆圈两侧 20 米处各有一条线，我方阵地在线后，请大家拿出四个“手榴弹”（布球）。

学生在教师指导下进行实践。

游戏规则

学生分成人数相等的两队，分别站在线后。“小战士”手持代表“手榴弹”的布球，听“大战士”指挥，依次向敌方阵地投掷，投到敌方“指挥部”得 10 分，投到敌方“军务处”得 8 分，投到敌方“哨所”得 6 分。注意投弹时要站在我方阵地线后。

师：同学们太棒了，现在来看看你们的战绩。

生：我得了 12 分！

生：我得了 14 分！

师：刚刚得到情报，前方敌人建立了一处封锁区，上级派我们冲出去，让我们一起去完成任务！

生：好，我们一定胜利完成任务！

◎环节 2　冲过封锁区

游戏规则

学生平均分为甲、乙两队。甲队分两组站在足球场两条边线上，以足球场为“封锁区”，用布球击打乙队“冲锋”的队员。乙队站在足球场线外，当听到教师发出“冲锋”信号后，快速跑、跳和躲闪冲过“封锁区”，到达对面线外，则游戏结束。两队交换进行，最后看有多少人被布球击中，被击中少的队伍获胜。

学生跟随教师布置场地，共同完成游戏，体会游戏带来的乐趣。

教师调控比赛，组织学生安全参与游戏，并及时评价。

◎环节 3　打靶比赛

师：我们顺利地冲过了敌人的“封锁区”，获得了胜利。为了以后能顺利地完成上级交给我们的任务，我们要经常训练。下面我们进行打靶比赛，从中选出投掷标兵。

游戏规则

画两条相距1米的平行线，前面一条为投掷线，后面一条为预备线。投掷线前10米处画投掷靶，并标有环数10、8、6、4、2。

学生分成人数相等的8队，各队队员每人持一个布球成一路纵队站在预备线后，排头队员持布球站在投掷线后准备。每队选一名队长，负责统计成绩。

教师发令后，各队排头队员开始投掷，结束后站到队尾，依次进行。各队队长按落点依次记录每位队员的成绩，合计环数多的队伍名次列前。

学生按规定方法投掷，投掷时遵循规则，不超越投掷线。

◎评析 兴趣是最好的老师

对于低年级学生来说，兴趣是最重要的，吸引他们最好的教学方法之一就是游戏。本案例教师以“小战士”上战场为教学指引，以投掷为教学内容，通过情境化、游戏化教学，帮助学生掌握投掷方法。在教学过程中，教师通过让学生自主学习、合作学习、探究学习，以完成教学任务。创设游戏“炮轰敌营”“冲过封锁区”“打靶比赛”的情境，通过“小战士”在战场中团结合作共同消灭“敌人”，增加了学生参与的兴趣。本案例不需要教师的调控，学生就能主动反复练习，加强投掷练习密度。教师通过“炮轰敌营”的游戏引导学生进行投远练习，使学生有目标感受；通过“冲过封锁区”的游戏，不仅锻炼了学生的投掷能力，也综合训练了学生的奔跑、躲闪、灵活反应能力；通过“打靶比赛”的游戏使学生更加明确目标方向，巩固练习本课的主要内容。

本案例不是单纯的教师教授与讲解，而是通过游戏化教学实现学生沉浸式学习，教学效果明显。教师通过三个不同的游戏，完成了预期的教学目标，帮助学生领悟投掷动作，并引导学生学会思考，大胆尝试，将“要我学”转变为“我要学”，体现了学生学习的主动性。

案例3–4 水平一：田径跳跃教学片段

本案例由辽宁省大连经济技术开发区童牛岭小学李圣杰老师提供。

◎环节1 灵敏的小兔

师：兔宝宝们，天气转凉了，所以我们的活动一定要充分，现在让我们跟随音乐一起来跳个兔子舞吧。

师生跟随音乐共同跳起兔子舞。

师：今天，兔老师将带领大家一起做个游戏，游戏的名字是“灵敏的小兔”，方法是大家围成一个大圆圈，兔老师位于圆圈中心处，当兔老师喊“高人”时，兔老师站立，兔宝宝变成“矮人”下蹲；当兔老师喊“矮人”时，兔老师下蹲，兔宝宝变成“高人”站立。下面让我们根据口令反复练习几次！

学生跟随教师口令进行游戏。

◎环节2 小兔过河

师：大家看，这里有一条小河，我们怎么才能过去呢？

学生自主探究，分小组进行讨论，一起想办法跳过小河。学生实践过河的办法，教师总结优缺点。

师：刚刚同学们运用了许多方法来过河，真是非常了不起，现在兔老师来教你们一种新的本领——立定跳远。

师：兔宝宝们，双腿并拢，双腿弯曲，双手握拳放在身后，然后双脚用力蹬地向前跳，同时双臂用力向前上方摆动，最后双脚轻轻落下，膝盖稍稍弯曲、缓冲。

学生观察教师示范，开始练习。教师对学生进行指导，提醒学生动作要正确、到位。学生改正错误动作并继续练习。

◎环节3 小兔采蘑菇

师：兔宝宝们，你们看！这里有左、中、右三条路，它们都可以通向采蘑菇的地方，你们就用刚刚学的新本领从这三条路跳过去，可以根据自己的能力，选择不同的路。现在请大家排好队，准备练习。

学生进行集体、小组练习后，教师带领学生跟随音乐进行放松活动。

师：今天兔宝宝们都表现得非常棒，不仅学习了新的本领——立定跳远，还到那么远的地方采了这么多蘑菇。兔宝宝们，现在让我们回去吃蘑菇吧！

教师带领学生收拾场地，结束活动。

◎评析　利用游戏提高学生学习效率

立定跳远是小学低年级一项重要的教学内容，如果练习不当，学生会学习错误的动作，不仅不能体验成功的喜悦，甚至还会产生厌学心理。根据低年级学生活泼好动、注意力集中时间较短、喜欢游戏的特点，本案例以“小兔练本领”为情境，以立定跳远为主要教学内容，创设情境，通过“灵敏的小兔”游戏吸引学生兴趣，使其充分活动身体，同时锻炼了下肢力量。

本案例中，教师让学生自主学习、合作探究，通过设计“小兔过河”游戏，引导学生自主学习，逐渐过渡到学习立定跳远。学生结合教师的讲解，建立正确的立定跳远概念，然后在课堂上巩固提高立定跳远的动作水平。教师再通过游戏“小兔采蘑菇”增加学生的练习兴趣，学生可以根据自己的能力选择跳不同远近、不同高低的障碍，这激发了学生的练习热情，提高了学生的参与意识，增强了学生成功的喜悦感，帮助学生建立了克服困难的信心。

18　如何合理、有效地设计体能练习？

《课标 2022》提出：

➡ 注重学生体能的全面协调发展，一方面特别关注本水平学生的体能发展敏感期，重点发展学生的柔韧性、协调性、灵敏性、平衡能力、反应能力、位移速度等，促进学生体质健康水平的提高；另一方面注意多种体能学练与运用的整合，设计的每一个体能练习不只用于提升某一种体能，而是可以综合提升多种体能，如跳越障碍、匍匐前进等。

理论阐释

体能是通过力量、速度、耐力、协调、柔韧、灵敏等运动素质表现出来的人体基本的运动能力，是运动能力的重要构成因素。体能水平的高低与人体的形态学特征及人体的机能特征有着密切的关系。

《课标 2022》根据课程目标的四个水平，设计相应的课程内容。针对水平一目标，专门设置基本运动技能的课程内容为体能和专项运动技能学练奠定基础；针对水平二、水平三、水平四目标，分别设置体能和专项运动技能的课程内容。体育教师在选择不同学段的课程教学内容时，在某个学段 2～3 年中，应从六大运动技能系列中至少各选择一个运动项目进行教学。此外，义务教育阶段有“六三”和“五四”两种学制，均可按照上述建议安排课程内容，只要能达成相应学段课程目标即可。

1. 体能练习的主要方式

（1）重复法。重复法是指在不改变动作技术结构和生理负荷的表面数据的条件下进行反复练习的方式。这种方法最大的特点是周而复始，通常用于耐久跑、单个武术练习等。

（2）间歇法。间歇法是指根据教学内容的特点和学生的生理负荷大小，调整与控制各项练习之间的间歇时间，以提高学生的体能。依据超量恢复的原理，使机体产生一系列的生理、生化与超量恢复反应，逐步提高学生体能，增强体质。

（3）持续法。持续法是指在体育教学中，让学生在相对较长的时间里，用较稳定的强度不间歇地进行练习。其意义在于控制生理负荷，使学生充分地得到锻炼。①

（4）综合法。综合法是指将重复法、间歇法、持续法等各种发展体能的方法结合起来加以运用的锻炼方法。

2. 体能练习的科学性与有效设计

（1）根据学生身体素质水平，制订有针对性的体能练习计划。教师在制订体能练习方案之前，要对不同年级、不同年龄段学生的身体素质的实际情况进行有效考察，掌握不同年级、不同年龄段学生身体素质的大致水平，做到心中有数之

① 高超群．研析体能练习适切性　探讨课堂教学实效性：例谈体育教学中体能练习形式的若干思考［J］．体育教学，2021，41（8）：74–76.

后再结合实际制订体能练习方案。最有效的方式是建立学生的体能成长档案，根据学生的身体差异设计个性化的练习方案，这种做法更有针对性和科学性。

（2）以提高学生身心健康为目标，优化体能练习的安全性与科学性。体能练习要以提升学生的身体素质为根本目标，在满足课堂教学需要的同时也要符合学生的可接受程度，从而制订出详细合理的系统性训练计划。体能练习要按计划循序渐进，训练动作由简单到复杂，运动量由小到大，要确保学生的身体能够适应。要注重体能学习的安全性，根据不同年级、不同年龄段学生的生活实际，开展简便易行的游戏和比赛，让学生积极参与体能学练，为以后结构化、整合性的体能学练活动打下基础。

（3）利用教学条件创造多样化的体能练习。体能练习的有效开展，不仅需要科学周密的训练方案，更要有良好的教学条件支持。因此，学校在重视体育课堂体能练习的同时，要充分考虑学校本身的教学条件，营造更优越、更多样化的教学环境。

案例解读

案例 3-5 水平三：排球正面下手双手垫球教学片段

本案例由辽宁省大连市甘井子区实验小学刘兴辰老师提供。

本案例从学生的兴趣爱好切入，以提升学生垫球能力为目标，以学生合作练习为手段。通过体能与技能相结合的练习方法，循序渐进，使学生在学习新技能的同时，充分发展体能，更好地达成教学目标。

【活动目的】

以排球为例阐释如何科学地设计体能练习。在课堂的准备部分、基本部分、结束部分穿插不同形式不同种类的体能练习，既能提高学生垫球兴趣，又能全面发展体能。静态、动态、快速反应相结合进行练习，发展学生体能。

【活动时间】

一周 3～4 次，每次 35～40 分钟。

【活动实施】

◎环节 1 马步持球，击固定球

学生分为四路纵队，每纵队前后两人一组，一人马步持球，一人上步垫固定球。先一三排上步垫固定球，后二四排上步垫固定球。

教师提示持球学生要马步屈膝半蹲，身体挺直，双手拿球的斜上部位，伸直发力并保持稳定。垫球学生上步要迅速，将手臂插进球下方。

学生前后两人一组合作练习，每人垫球 10 次后互换位置。

教师巡视指导，发现问题及时纠正。请优生展示，强化动作要领，对学生出现错误较多的动作进行集体纠正和集体练习。

学生前后两人一组再次合作练习，每人垫球 10 次后互换位置。

◎环节 2 游戏“奔跑吧少年”

师：今天我们练习了正面双手垫球的动作，下面我们一起玩个游戏，大家根据分组进行持球奔跑接力比赛，看哪组最先完成！

学生认真听教师讲解游戏方法与规则。

师：第一个同学双手持球于体前，听到哨声后快速向前方标志桶跑去，绕过标志桶后跑回本组队伍，绕过队尾后把球交给下一个同学，原地等待的队友要蹲好马步。看哪个小组跑得最快。

学生分为 6 组，进行持球直线奔跑接力比赛。教师在比赛过程中激励学生，并提示学生注意安全。学生在保证安全的前提下，集中注意力，积极投入比赛。

两场持球直线奔跑接力比赛结束后，教师组织学生进行两场蛇形绕标志桶接力跑比赛。学生认真听教师讲解游戏方法与规则。

教师提示学生注意保护踝关节，以免在比赛中受伤。比赛实行积分制，赢一场积 1 分，四场比赛后累计分数最高的小组获得胜利。

◎环节 3 不定向一抛一垫比赛

师：两人一组，一人直臂持球并原地快频跑 30 次后自选方向将球抛出，垫球人需要快速反应，判断方向将球垫回，每人抛球 10 次，成功垫回球得 1 分，没垫到球不得分，组内比赛看谁得分多，输的一方开合跳 5 次。

学生观看教师示范动作、倾听比赛规则后积极参与比赛，完成动作要求。

教师巡视，请动作最好、反应最快的一组进行展示，并在学生展示过程中进行适时点评，强化动作要领。

学生再次练习。

◎环节 4 鱼跃后一抛一垫

师：两人一组，一人完成胯下鱼跃后，接抛球后对垫球。完成鱼跃垫球 10 次。注意鱼跃时要腹部收紧，上肢支撑充分。

学生做完准备动作后，积极完成动作要求，充分利用身体条件发挥主动性完成垫球。

师：鱼跃后转身反应要迅速，及时判断来球方向。

学生根据教师的指导和提示完成垫球练习。

◎评析 技能学练融合体能练习

《课标 2022》明确提出教师在重视体育教学的同时，要加强健康教育教学，将体能练习、运动技能学习和健康知识有机融合。体能练习将给传统体育教学带来全新的改变，因此，教师如何科学地设计体能练习就显得尤为重要。针对练习垫固定球时，一人反复击球一人持球静止，一人体能训练负荷高一人负荷低的问题，环节 1 中教师设计了利用蹲马步来提高持球学生运动负荷，通过重复和持续的练习使学生肌体产生一系列生理反应，达到发展学生下肢力量的目的。

五六年级的学生正处在一个发展身体协调能力的时期，教师选择的体能练习方案要契合他们的特点和需求。由于本课内容在体能练习方面大部分时间都在发展学生的上肢力量及感官能力，环节 2 中教师设计了下肢力量的体能发展内容，更好地提升了学生的身体素质，保障了学生上下肢的协调发展，并通过设置比赛使学生在奔跑时更积极更主动。

在球类练习中，只学会技能但不会在比赛中运用，那是“死技能”，所以教师在教学过程中要更加注重技能在实战中的运用。环节 3 中教师通过模拟不同方向来球训练学生的快速反应能力，强化学生正面双手下手垫球的肌肉记忆。同时在比赛过程中加入 30 次快频跑和 5 次开合跳。这样的练习手段，既提高了学生学练的积极性，又在不知不觉中提高了学生的心率和训练负荷，进而达到发展学生体能的目的。

球类课在安排体能练习时，要考虑在主教材中穿插的体能练习内容是不是能满足学、练、赛、评的教学要求。其中鱼跃前滚翻救球动作是发展身体平衡性、协调性、灵敏性的主要动作之一，在排球实战中使用率非常高。考虑到水平三学生还不具备这样的能力，因此，环节 4 中教师将动作分解为鱼跃救球，这样既创设情境满足学生参与的积极性，又降低教材难度，让学生努努力就能完成动作，使学生获得成功的满足感。

情境式的体能练习能够让学生在运动过程中感受快乐，教师通过这样的教学方式，能够为学生营造一个良好、轻松、愉悦的训练氛围，从而使学生的体能练习更加有趣，进而激发学生对体育训练的热情和兴趣，促使其能够主动参与到体育训练当中，积极开展体能练习，实现最好的教学效果。

19 如何在课堂教学中安排“课课练”？

《课标 2022》提出：

➡ 体育与健康课程依据学生的学习需求和兴趣爱好，面向全体学生，落实“教会、勤练、常赛”要求，注重“学、练、赛”一体化教学。坚持课内外有机结合，指导学生学会基本运动技能、体能和专项运动技能，提供更多时间让学生进行充分练习，巩固和运用所学运动知识与技能，参与形式多样的展示或比赛。激发学生参与运动的兴趣，让学生体验运动的魅力，领悟体育的意义，发扬刻苦学练的精神，逐渐养成“校内锻炼 1 小时、校外锻炼 1 小时”的习惯。

理论阐释

20 世纪 80 年代颁布的《中小学体育教学大纲》最早出现了“课课练”一

词，是在体育课上对发展学生身体素质行之有效的教材内容，建议每节课都进行练习。我国学者也对“课课练”作出了相关解释：“课课练”就是指教师在体育课中，根据学生的学习情况、生理发育和心理发育等特点，科学选择体育课的教学内容，包括合理的练习内容、合理的练习方式及合理的练习评价等，最终促进学生身体素质的提高。总结来说，“课课练”是指在每节体育课上，教师选择一个适合的时间段，通过5～10分钟的体育锻炼，使学生身体素质得到提高的一种教学组织形式。因此，“课课练”是需要根据教学内容的不同、教学对象的不同、教师教学风格的不同，进行适时、适当、适度练习的一种教学形式。

1.“课课练”遵循的原则

（1）整体性原则。“课课练”并不是独立存在的，而是要结合中小学体育教学的具体内容作出大体方向的调整，坚持通过“课课练”来补充传统体育课堂的不足。

（2）趣味性原则。“课课练”克服传统体育课堂的局限性，有助于让体育教学内容呈现得更完整，可以与游戏相结合，寓教于乐，乐学融合，带给中小学生良好的学习体验。

（3）多样性原则。“课课练”可以结合不同器材资源的储备情况、季节变化、学生个体差异等灵活设计与安排，这是“课课练”在实践中达成目标的关键。

（4）补偿性原则。中小学阶段的学生正处于成长关键期，该时期学生的变化较大，教师要根据中小学生的身体素质、心理健康等状况作出调整，突出补偿性原则以满足中小学生的成长需要。

2.“课课练”的练习形式

（1）队列队形类练习。这类练习不但可以让学生集中注意力，还可以培养学生的集体意识和集体行为，促进学生团队精神的形成。学生良好的队列队形素养可以节省教学时间，提高体育课堂教学效率。同时，也可以帮助学生形成优美的体态和体形，培养学生的耐受力和意志力。

（2）身体素质类练习。教师可以根据教学内容的上下关联性，或学生的身体水平来选择练习内容。力量练习有俯卧撑、引体向上、双杠支撑行走、推小车、蹲跳起等；速度练习有高抬腿、后蹬跑等；耐力练习有变速跑、匀速跑等；灵敏练习有喊号追逐跑；柔韧练习有立位体前屈、劈叉、踢腿等。

（3）辅助诱导类练习。在教学内容的安排上，教师应注重采用多种教学方式，通过课堂讲授、汇报等方式让“课课练”的内容为主教材的教学提供辅助性、诱导性练习，如快速跑教学时，就可以将“课课练”的内容安排为高抬腿、后蹬跑等。这样，不但可以为主教材的练习进行专项素质训练，还可以利用动作迁移来辅助完成主教材的学习。

（4）激发兴趣类练习。“课课练”的内容不仅是枯燥的素质练习和队列练习，还可以是学生感兴趣的项目，如篮球、花样跳绳、游戏等，这样的练习内容有助于培养学生上课的积极性及终身体育的意识。[①]

3.“课课练”的实施建议

体育课的“课课练”是以发展学生身体素质为主要目标的一系列身体练习。其目的是提高学生的基本运动能力，使学生掌握运动技能，保持良好的身体机能，促进身体健康，使学生逐渐养成“每天锻炼1小时”的习惯。“课课练”在教学实施中要注意以下原则[②]：

（1）“课课练”要突出短时、灵活、高效的特点。“课课练”要考虑小学生活泼好动、注意力无法长时间集中的特点。与传统的体育教学内容相比，体能素质“课课练”的教学内容强调在较短的时间内实现某一运动的实践，不过分地追求精确性与规范性，强调的是锻炼身体的效果。

（2）“课课练”要将教学内容与学生水平相结合。针对小学阶段的学生，“课课练”的内容要注意安排一些以发展基本活动能力为主导的练习，促进学生各项身体素质的发展和提高。针对初中生则应该注重运动技能发展水平，充分考虑该阶段学生身体快速生长发育带来的有利因素，设计符合学生运动技能运用和学练的体能练习，促进学生在体能练习中巩固和提高运动技能水平。

（3）“课课练”要强化形式和练习内容的创新。教师应该充分利用体能素质“课课练”，通过创新教学内容，以游戏化、趣味性的方法让学生自觉地参与到体能素质训练中，让学生爱上体育运动。同时，游戏化的“课课练”也能潜移默化地培养学生吃苦耐劳、勇于克服困难的意志品质及团队协作精神等，使体育的内涵得以体现，有助于培养学生良好的体育运动习惯，增强学生身体素质，实现体育教学目标。

---

① 赵莉. 积极开展小学体育趣味“课课练”之有效教学策略［J］. 新课程，2021（15）：42.

② 刘宏. 基于“课课练”视角的中小学生身体素质提升路径研究［J］. 体育视野，2020（2）：87–88.

案例解读

案例 3–6 水平三：排球垫球教学片段

本案例由辽宁省大连市甘井子区实验小学刘兴辰老师提供。

本案例以学生的兴趣爱好为切入点，以提升学生垫球能力为目标，为学生终身体育打下坚实的基础。本案例的设计与信息技术相结合，让学生直观上对场地布局有一个感性的认识。教师采用设疑、模仿、对比、竞赛等教学方法，以及体能与技能相结合的练习方法，循序渐进、层层深入，充分挖掘每个学生的潜力，充分发挥学生的主体作用，更好地促进学生学习。

【活动目的】

以排球“课课练”应用为切入点，将“课课练”的练习方式、练习内容、练习要点等与排球活动进行融合，达到寓教于乐的目的。

【活动时间】

一周 3～4 次，每次 35～40 分钟。

【活动实施】

◎环节 1 球性练习

教师带领学生做球性练习动作。

➡ **动作 1**：挺身抛接球，蹬地向上抛球，同时身体舒展向上挺身收腹后接球，每人练习 10 次。

➡ **动作 2**：将球高高击地弹起，迅速利用并步、交叉步或滚翻在球下穿越，看谁穿越的次数最多。

➡ **动作 3**：马步自垫球，在蹲马步的同时完成原地自垫球。

◎环节 2 专项步伐结合垫球

师：同学们，请注意看老师的手指方向及听口令，向各个方向练习两次跨步。

学生观察教师手指方向，认真听教师发出的口令。

师：脚步移动要迅速，右脚启动迅速，落地蹬跨。

学生反应灵敏，动作连贯，启动迅速。

师：上步后完成一次垫球，同时迅速回到原位，每人 10 次。下面开始练习！

学生完成上步垫球 10 次。

◎环节 3　鱼跃后一抛一垫

师：两人一组，一人完成胯下鱼跃后，接抛球后对垫球。

学生完成鱼跃，反应迅速，准备动作充分。

师：鱼跃时注意要核心收紧，上肢支撑充分。接下来完成鱼跃垫球 10 次，开始！

学生积极投入，根据动作要求，充分发挥主动性完成垫球。

师：鱼跃后转身反应要迅速，及时判断来球方向。

学生转身迅速，对准来球，手臂积极插向球下方。

◎环节 4　跑动垫球

学生六人一组，左右各三人，相对而站，对垫球一次后跑向对方队尾，排队等候垫球。

师：垫球要有高度有弧度，要反应灵敏，垫球后队尾排队要迅速。

学生完成垫球时手臂夹紧、稳定，步伐迅速。

师：移动中可以加入交叉步和并步。

学生垫球后，通过两种移动步伐移动身体，准备下次垫球。

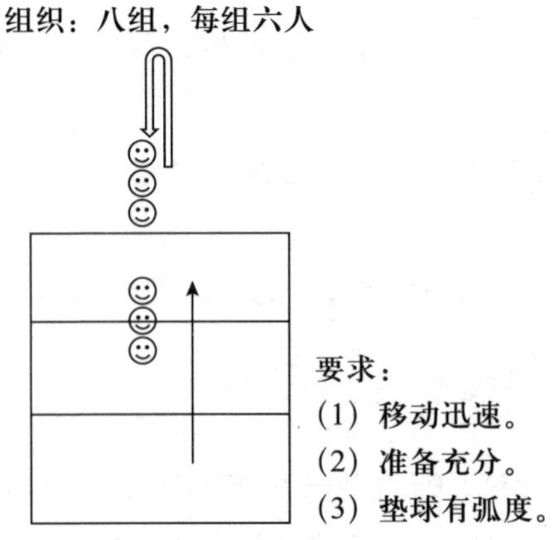

场地布局示意图

◎环节 5　游戏“体能大作战”

师： 现在按照大屏幕上的场地布置自己的场地。按小组进行布场，开始！

学生积极观看视频，并迅速布置场地。

师： 先用并步完成摸 4 个标志盘，然后跳过 5 个跳高架，接下来在垫子上用手支撑行走，再完成 10 次双手抓握实心球后返回接力。

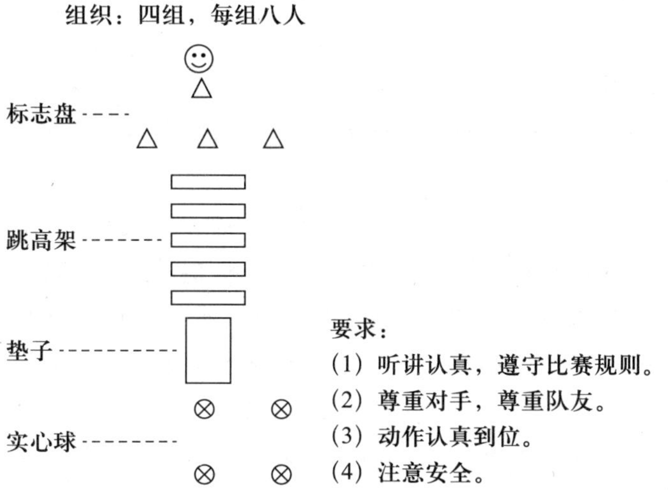

场地布局示意图

教师结合学生尝试情况给予适时指导，强调动作要标准，之后组织小组比赛。学生积极投入，完成游戏。

◎评析　围绕课堂教学主教材的“课课练”安排

球性练习内容要有一定的趣味性，要能吸引学生的注意力，同时还要有可操作性和易学性，使学生体验到成功的喜悦。环节 1 中，教师通过“课课练”中球性练习的三个动作，不仅让学生巩固了球性熟练度，同时发展了学生的速度、灵敏度、耐力、柔韧、上下肢力量等身体素质。教师对“课课练”的设计，符合学生运动技能运用和学练体能的要求，促进学生在练习中巩固和提高运动技能水平。

教师要探索并运用多种教学方法，按照学生的具体需求进行教学设计。环节

2 中，学生在垫球过程中的步伐灵敏性及反应速度还需要提高，教师结合垫球技术的练习，通过口令及手势指令来促进学生提升脚下灵敏的能力，同时也是在有效模仿比赛中来回球的速度，更好地帮助学生打下比赛基础，提高垫球的能力。这样的“课课练”设计，多次练习还可以提高学生的耐力能力，实现一练多提高的练习目标。

体育课堂上的“课课练”要实现沉浸式教学，教师要按需施教、不断创新。球类课在安排体能练习时，考虑到服务于主教材学习的重要性，鱼跃前滚翻可发展学生身体平衡能力及灵敏能力，在实战比赛中对身体素质和球类基本技能结合度要求非常高，因此，教师根据“常赛”环节考虑到学生体能方面还不具备实战能力，在环节 3 中通过技能和体能相结合的“课课练”设计，来逐渐提升学生的实战能力。

环节 4 的设计有效解决了学生在完成垫球后总在原地不动，导致二次反应迟缓的情况，通过跑动垫球让学生一直处于一个紧张的状态，提高学生的反应能力及移动能力，并要求跑动垫球的弧度一定要高，给下一位同学留下充足的时间准备。跑动垫球需要通过队员的配合来完成，这样提高了学生在团队中的配合能力。根据学生对比赛的期望和实战的效果，跑动垫球的设计更符合学生心理生理特点，增加了趣味性，也提升了学生的参与度。

教师可以把情境教学法、游戏代替法及比赛激励法应用到“课课练”的教学活动中，配合原有的体育教学内容变化组织形式，提高学生的练习兴趣。在主要内容排球垫球的学习中，学生的上肢力量得到了发展，所以在环节 5 中教师安排以下肢练习为主，同时对体能进行补充练习。“课课练”内容以游戏、比赛的方式呈现，更能激发学生的参与性，还可以让学生根据自身情况有针对性地选择练习内容来改进自己的不足。

20 如何在球类运动项目课堂教学中有机融合技战术教学？

《课标 2022》提出：

➡ 活动内容设计应体现技战术学习的进阶性和连贯性，要让学生由易到难、循序渐进学练基本技战术，并在不同情境中加以运用。

➡ 重视球类运动项目战术的教学。球类运动项目，尤其是集体性球类运动项目的战术配合至关重要。

理论阐释

体育运动技术是指符合人体运动原理，能充分发挥身体潜能，有效完成动作的合理方法。运动技术是靠反复的强化练习而习得巩固下来的、自动化的、完善的动作活动方式。体育战术指“战斗”的原则和方法，是根据比赛双方的情况，正确分配力量，充分发挥己方特长，限制对方所长，为战胜对手而采取的合理有效的计策和行动。

教学有法，但无定法。因此，体育教师在教学实践中应充分结合球类运动的特点选择特定的教学方法，有效组织实施教学。球类项目是学生喜闻乐见、乐于参与的项目。那么，在三大球的体育教学中如何将技术与战术有机融合呢？

1. 技术是战术实现的基础，战术是技术发展的方向

球类运动的本质就是攻防对抗，因此教师在教学中要充分体现该特点。首先，要帮助学生掌握球类运动的基本技术，使学生能够达到参与、接近比赛的要求；其次，以在比赛中能运用这些技术为目标；最后，运用比赛提高球类运动技战术能力。球类运动战术的目的就是根据对方的战术安排找到对方的防守弱点，依靠运动技术，通过球的转移调动对方，在局部形成以多打少的局面，形成局部优势，从而实现战术目标；战术的熟练应用，会促进更多的运动技术的创新。战

术活动是以参赛者的技术、身体条件和运动等实际情况为基础的，是以比赛情况和比赛双方力量对比等实际情况作为客观依据的。也就是说，技术是实现战术的基础，战术是技术综合运用后的体现，两者相辅相成，互为促进。

2. 转变师生关系，以学生为主体，以教师为主导

学会、会学、会用是球类教学的三个方面。学会是指学生通过球类教学活动学会老师传授的一些球类运动技术动作；会学是指学生不仅在课堂教学中学会运动技术，还能主动思考、揣摩这些动作的运用时机，懂得怎样合理利用规则，并能通过网络、电视、球队训练等途径自主掌握课堂上没学过的技术动作等；会用是指学生能在比赛中运用已经掌握的技术动作。因此，在球类技战术教学中，教师必须转变身份，从教师单纯的“教”转向以学生为中心的“学”，以学生为主体、以教师为主导，将战术教学贯穿于整个技术教学中。这样既可以促进学生技术的提升和发展，又能提高学生战术的运用能力。

3. 创设真实比赛情境，在比赛中强化战术思想，在战术教学中强化运动技术

创设比赛情境即会用阶段的教学。此阶段是学生在已掌握运动技能基础上，依靠大量的练习和比赛来强化运动技术。教师在真实情境中进行技战术教学，能有效提升学生对技术学习的欲望，帮助学生快速形成良好的战术意识。在教学中，教师要改变单个技术教学的现状，转向完整项目的教学模式。小场地情境教学法的对抗性高、节奏转换快、代入感强、实战性高，更能提高学生的运动兴趣，有效帮助学生提升技战术。乌晓东等采用实验法对90名普修课学生进行对照实验研究，发现技战术同步教学的动态模式在激发学生学习的创造性、积极性，动作技术的稳定性，运用技战术的能力等方面优于单纯的技术教学模式。①

① 乌晓东，刘官元，李拥军，等．动态教学赛模式在足球普修实践课中的实践与探索［J］．吉林体育学院学报，2004（3）：95–110.

案例解读

案例 3–7 水平四：足球局部战术教学片段

本案例由辽宁省大连经济技术开发区滨海学校薛鑫伟老师提供。

二过一战术是足球比赛中最常用、最有效、最便捷的进攻配合方法，是进攻队员利用摆脱或运球过人等动作，在短时间内造成局部以多打少的局面。本案例中，教师通过复习“直传斜插二过一”和“斜传直插二过一”战术，强化跑动中的脚内侧传接球技术，再通过脚内侧传接球技术的反复运用，完成局部二过一战术，最终在二对二进攻过程中突破防守的目的。

师：同学们，上两次课，我们一起学习了“直传斜插二过一”和“斜传直插二过一”战术。今天这节课，我们一起学习在比赛中如何运用二过一战术完成二对二突破防守，赢得比赛的得分机会。下面由组长带领大家做热身活动。

学生在组长带领下进行慢跑、活动关节和拉伸肌肉活动。

之后，教师带领学生进行专项准备活动：运—传球练习（见下图），熟悉球性。

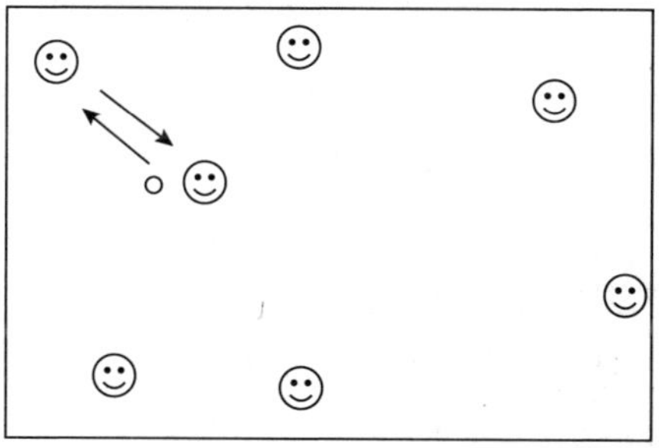

运—传球练习示意图

学生分成四组，分别在组长的带领下在四个场地进行练习。

教师强调传跑的时机并组织学生复习二过一战术（直传斜插和斜传直插），并在学生练习过程中，适时强调传球的准确性和传球的力量控制。

学生在组长的带领下复习二过一战术，进行左右两侧不同方位的二过一练习。直传斜插二过一战术练习见下页图。

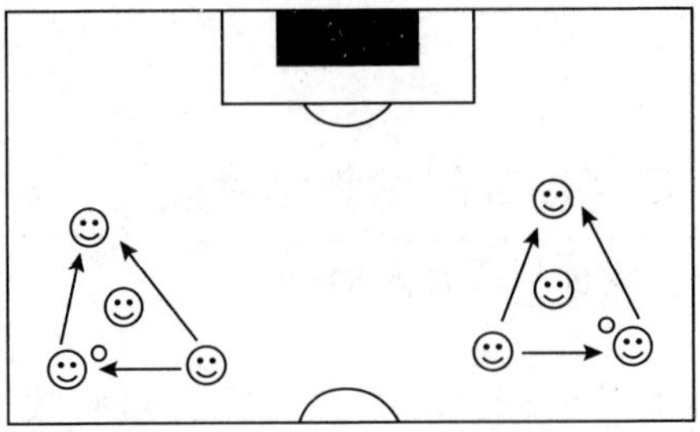

直传斜插二过一战术练习示意图

教师组织学生进行三分钟的二对二攻防比赛，提示学生运用二过一战术在局部建立以多打少的局面。

学生由组长组织在场地内进行二对二对抗练习。

师：在刚才的比赛中，你们是如何在局部形成以多打少的局面的？

学生谈比赛感受，如被对方严防，无法利用二过一战术形成局部进攻的人数优势等。

教师结合真实的比赛情境，告诉学生不要局限于二过一的固定模式，要灵活运用二过一战术形成突破，如二过一不仅能在进攻方向上进行，在任何方位都可以通过跑位和传球进行二过一。通常情况下，防守方一定会有一名队员站在进攻队员与球门之间的位置，这就是二过一战术实施的突破口。

学生进行消极防守下的二对二比赛，运用脚内侧传接球技术，通过球的运转，实现战术突破。

教师集合学生，强调传跑的时机（防止越位），强调科学合理地利用场地的宽度和长度调动对手，撕开防线。

学生进行真实比赛情境下的二对二对抗比赛。

教师组织学生进行五对五的半场比赛（见右图），让学生利用五个人的位置转换，通过反复跑位和传球，在局部创造二过一或二对二的情境，突破对手，完成一次二过一或二对二突破，就得1分，进1球也得1分。

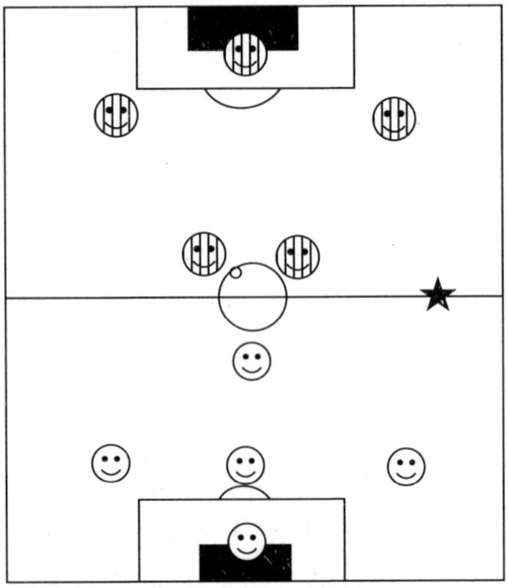

五人制小场地的比赛示意图

◎评析

本案例以战术的学习为主线，学生通过反复的战术演练来强化运球、传接球等基本技术。如在开课的专项准备活动中，教师强化运球和传球等足球基本功，在复习“直传斜插二过一”和“斜传直插二过一”战术过程中，再次利用二过一战术，演练过程，强化了学生的传控球技术。

在比赛过程中，学生依据场上的实际情况，通过分析判断，采取正确的行动是球类教学中实现战术、赢得比赛至关重要的一环。在二对二战术教学过程中，教师创设真实的比赛情境，告诉学生如何作出正确的行动，并且让学生明白：如果要创造局部以多打少的局面，就必须通过战术跑位和精准的传接球，来创造二过一战术的机会，从而赢得射门得分的机会。

在五人制比赛的对抗过程中，教师修改了比赛的规则，完成一次二过一或二对二战术，则可得 1 分，与进球的效果一样，激励学生在练习中反复运用二过一战术。这也是在向学生强调，在真实的比赛中，二过一或二对二战术可以反复运用，通过局部突破创造进攻过程中整体以多打少的局面，从而在比赛中创造更多的射门得分机会。

初中生的生理和心理发育都处于青春期的高峰期，学生具备发现问题、分析问题和解决问题的能力。教师要学会利用学生的这些能力，创设真实的比赛情境，为学生搭建展示自我的舞台，提升学生参与比赛的能力。

21 如何通过跨学科协同，发挥体育与健康课程全面育人的功能？

《课标 2022》提出：

➡ 跨学科融合一直是学生提高运动能力、学习健康知识和传承中华优秀传统体育的重要方式和途径。体育与健康课程应融合多门学科，充分发挥育人功能，促进学生全面发展。

理论阐释

2021年6月，教育部办公厅印发的《〈体育与健康〉教学改革指导纲要（试行）》提出要注重学科融合与课程思政，在传承中华优秀体育文化的同时，适当在体育教学中开展情境式跨学科主题教育教学活动，促进综合育人目标的实现。

“跨学科”指打破学科界限，开展两门及以上学科之间的科研或教育活动，既包括自然科学、人文科学、社会科学各自学科领域内的交叉，也包括三类学科之间的交叉。跨学科教育以学科之间的交叉作为理论生长点，以解决综合性质的问题作为现实启动点，是一种具有理论研究纵深性质和应用问题定向性质的多学科教育。跨学科教育有效提高了学校的教学质量，对培养学术理论创新人才和高级复合型应用人才具有重要意义。

体育学科是一门综合性学科，不仅包括大量的运动训练学知识，更包括运动人体科学与体育人文社会学知识。体育学科本身的复杂性造成了其学科知识与其他相关学科知识之间的交叉，基于此，体育学科与其他学科之间产生跨学科的交流与合作是必然的。①

体育学科具有综合性。体育学科独有的以身体练习为手段的课堂教学，可以与语文、数学、艺术、劳动等多学科知识整合教学内容，优化教学过程。体育课程这一综合性的特点决定了其可以走课程内部及课程外部的协同整合之路。

在体育教学中渗透多学科教学应充分发掘和发挥体育跨学科协同全面育人的价值和功能。

1. 在跨学科协同中立德

教师要充分挖掘体育的德育元素，与学校德育协同。首先，在“赛”中育德，让学生在比赛中养成规则意识。其次，用“星”育德。体育明星以自己独特的能力与人格魅力为国家争得荣誉，通过体育明星精神引导学生，让更快、更高、更强、更团结的体育精神植根于学生心中。再次，以“红色”育德。教师可以把长征战斗故事、抗洪抢险、抗震救灾故事等语文和历史课程的内容，整合到长跑、障碍跑、投掷、跳跃等教学活动中，培养学生不畏艰险、勇于拼搏、团结协作、自强不息的品质。

---

① 赵伟奇，陈炳权. 体育跨学科研究的现状及发展路径［J］. 教学与管理，2021（24）：109–111.

2. 在跨学科协同中启智

体育与智育互相联系，对人的全面发展具有重要意义。身体素质的提高会改善学生智力活动的条件，对学生学业成绩产生影响。体育课程与语文、数学等课程在教学目标和教学内容上相互之间有交叉，教学资源可以互相利用。

3. 在跨学科协同中赏美

学生在强健体魄的同时也能够感受到体育的美，如形态美、运动美、精神美等，从而激发学生对体育运动的热爱，培养学生对体育美的审美意识、鉴赏能力和创造能力。体育与艺术的跨学科协同往往是综合性的。例如，教师可以把啦啦操作为体育与艺术课程协同的重点，组建班级、校级啦啦操队。学生在动感的音乐下，配以服装、口号板、旗帜、彩球等，以跑、跳、托、举等组合进行训练和展示，既能发扬团队精神又能展现艺术美。

4. 在跨学科协同中育心

体育是培养学生抗挫折能力的最好课堂。竞技体育（运动竞赛）的核心是竞争，有竞争就会有失败者。因此，教师应引导学生在竞赛中体验失败，学会正确看待失败，从而培养学生的抗挫折能力。在体育运动中，学生还需要克服疲劳、寒暑对身体的侵袭，需要战胜胆怯和退缩心理，因此，体育课也是学生意志品质的磨炼过程。此外，教师还应挖掘体育运动培养学生人际交往能力的作用，引导学生构建和谐的同学关系，与同伴一起平等、友好、和谐地练习和比赛，从而培养学生宽容、热情、友爱、合群的良好品质。

《课标 2022》中增加了跨学科主题学习的课程内容，给体育教师提出了更高的要求。

首先，教师的教学观念要从“以教定学”转向“以学定教”，切忌仅仅以考什么就教什么来组织教学活动。实际上，丰富多彩的体育教学资源就在我们身边，教师对体育教学要有一定深度的研究，而且要有广泛涉猎，完善自身的知识结构，充分利用好这些教学资源。

其次，教师要提升自己的专业素养。在系统教学方法、教育学、心理学和教育技术等教育理论的指导下，在传授动作技能和战术的同时潜移默化地为学生建立起体育运动文化知识体系。

再次，教师要具有创新能力，能够创新性地运用各种跨学科知识，合理地进行取舍，与教学有机地结合，而不是牵强附会、无休止地拓展，要根据实际情况，在有理论支持的基础上不断探索。

案例解读

案例 3–8　水平二：技巧前滚翻教学片段

本案例改编自福建省厦门市仙岳小学林秀宽老师的《力学原理分析前滚翻教材让课堂更高效》，原载于《体育时空》2018 年第 10 期。

前滚翻是 4 年级体育教学中的一项重要内容，是小学生非常喜欢的体育项目之一。这种垫上运动是技巧的基础动作，也是一种自我保护的方法。根据小学生个性活泼、思维反应敏捷、模仿能力和接受能力强等身心特点，本案例教师通过分解练习、完整练习，使学生逐步学习前滚翻动作。同时，教师运用多学科知识对前滚翻的动作进行力学分析，通过游戏法调动学生学习的积极性，提高课堂效率。

◎片段 1　支撑兔跳活动

师：（边示范边讲解）同学们，根据力的三大要素我们可以得出：蹬地方向必须是向身体的斜后方才能获得向前上方的反作用力，而且蹬地角度越小作用力越大。你们认为是这样的吗？

学生理解并认同。

师：同学们，要使身体按照我们所需要的动作向前运动，我们的脚应该怎么用力呢？

生：（纷纷抢答）我们的脚必须蹬地获得地面的反作用力。

师：同学们回答得非常好！脚必须有蹬地的动作进而获得地面的反作用力，而脚蹬地力量的大小必须大于躯干和下肢的总重量。

师：同学们，脚蹬离地面的时候身体的全部重量将落在手上，手作为支点撑起全身的重量。

教师示范，学生观察，得出做好这个动作的关键要领是要用力蹬地。

师：脚蹬地的力量必须大于身体躯干和下肢总重量。同时，双手的动作必须是直臂支撑，因为这时候双手臂要支撑起全身的重量。

教师布置支撑兔跳的手臂支撑练习。两人一组站在一个垫子前面，从蹲立开始，双手撑于垫上，双腿同时蹬伸离地，依靠直臂支撑起全身重量，尽量让双脚离地时间越长越好。

◎片段 2　团身背后滚动的练习

师：（边示范边讲解）在完成支撑后我们需要收腹，这时腿成蹬直状态。之后我做了什么动作？

生：低头团身！

师：为什么要低头团身呢？

生：（纷纷抢答）低头是为了保护脖子不受伤，团身是因为球形滚动的速度最快！

师：同学们说得很好！为了保护我们的身体不受伤，需要做出低头动作，并收腹、快速收腿，从而完成团身动作，这些动作对蹬地力的惯性起到了加速的作用。在动作的最后我们要依靠惯性，将小腿收紧并用手抱紧小腿，让惯性发挥最大作用，让身体成为蹲立姿势。

学生进行团身背后滚动的练习。两人一组，在一个垫子上轮流练习，在滚动的过程中注意动作要领。

◎评析　“前滚翻”中体会力学原理

本案例教师将前滚翻与物理知识相结合进行教学，让学生更清晰地明白前滚翻动作的基本原理，分析前滚翻的力量来源，以及它的方向和作用点，使学生更好地掌握前滚翻中腿部蹬伸和手臂支撑的动作要领，同时利用惯性原理，设计团身背后滚的练习方法，使学生更好地掌握团身抱小腿的动作技术，纠正部分学生团身不紧的错误动作。

淡化学科边缘，将原有相互隔离的分科课程的内容统整起来，整合各学科教学的优质资源，形成新的知识领域，有助于加强学生的问题解决能力和迁移运用能力。

案例 3–9 水平四：学科融合教学设计

本案例改编自辽宁省大连市一二五中学王雪老师“‘活命三角区’在哪里？”教学案例。

在日常生活中经常出现导致意外伤害发生的危险因素，规避危险，降低伤害程度，是每一名中学生都应当学习掌握的。本案例通过学生自主学习、探究学习、小组活动等形式，研究地震发生的原因及自救和互救的方法。教师通过理论讲解与实践操作相结合的教学方式，将体育健康与物理、信息技术、音乐等学科相结合，同时渗透德育教育，发挥育人功能，促进学生身心健康成长。

教师播放我国地震伤亡的数据资料视频，让学生了解地震的危险性，通过案例分析帮助学生进一步认识安全意识的重要性，激发学生学习的兴趣和积极性。教师通过对我国地震灾害数据的分析，使学生直观感受地震的危害之大，懂得生命的珍贵，同时激发学生求知的欲望，使其以积极的态度投入到课堂学习中。

◎地震来了：地震来临时的自救方法和原则

（1）教师播放地震灾害的视频和动画，讲解地震造成的危害及躲避地震灾害的方法。

（2）学生以小组合作的形式收集资料、讨论研究，提高自主学习的能力。

（3）教师指导和解决学生在收集资料和讨论研究过程中出现的问题。

（4）小组展示地震来临时的自救方法。

◎活命三角区：明确活命三角区的原理，发现教室内的三角区并创造三角区

（1）教师引导学生明确地震来临时的自救方法。学生小组讨论，探讨什么是活命三角区及活命三角区为什么可以活命。教师通过讲解物理学“结构稳定性”的原理，帮助学生进一步理解活命三角区的重要性。

（2）教师将教学内容与教室实际环境相结合，激发学生积极思考。学生小组讨论，在教室里寻找尽可能多的活命三角区。

（3）教师引导学生思考，若附近没有活命三角区，该怎样有效避险？激励学生依据教室内现有条件创造三角区，加深学生对三角区结构的理解。

◎小小救护队 实践操作，模拟意外灾害来临时的处理方法

（1）教师利用音乐为学生创设地震来临的情境，引导学生快速寻找安全疏散出口，依据各小组所处位置寻找或创造三角区进行快速避险。

（2）学生实践操作，根据不同情境作出迅速判断，采取合理有效的方法自救和互救。

（3）小组互评，评选出优秀的“小小救援队”小组，教师进行评价，指出不足和改进之处。

通过实践模拟的方式，帮助学生将学科理论知识与实践相结合，提高了学生面对地震伤害时的避险能力。在自救和互救的过程中，培养了学生临危不乱、沉着冷静的应变能力。

◎评析

本案例中，教师以日常生活中可能遇到的地震灾害为主要内容，引导学生了解并掌握地震来临时如何逃生及避险，帮助学生掌握自救和互救的方法，提高安全意识。

在准备环节，教师采用了开放式的教学手段，引导、激励学生通过小组合作和交流，分工协作，调动学生学习的积极性和主动性。

在“小小救护队”实践模拟操作环节，教师播放音乐创设地震来临的情境，帮助学生更好地投入到设定的情境中，增加课堂气氛，提高学生参与的热情。

教师利用物理学科中“结构稳定性”原理，帮助学生进一步理解活命三角区能够救命的原因，引导学生积极发现生活中存在的三角区，并能利用现有条件创设有效的三角区，以增加地震时的存活概率。本案例内容可以由体育教师独立实施，也可协同其他学科教师一起完成。

案例中，学生通过团队协作的方式，共同应对意外灾害，完成自救和互救。学生在实践的过程中互帮互助，团结友爱，同时教师积极渗透德育教育，发挥体育育人功能。

22 如何在教学中教会学生必要的急救知识，提升学生安全意识？

《课标 2022》提出：

➡ 健康教育包括健康行为与生活方式、生长发育与青春期保健、心理健康、疾病预防与突发公共卫生事件应对、安全应急与避险五个领域，主要帮助学生逐步养成健康与安全的行为习惯和生活态度。

理论阐释

体育课是学生参与体育运动的重要形式。加强体育课堂安全教育，防止意外事故的发生，是为了更好地完成体育教学任务。

在小学体育教学中，安全意识培养直接关系学生的身心健康，要渗透到各个方面。教师要时刻提醒学生在体育训练中注意自身安全，要对学生灌输安全知识，提高学生的安全意识，帮助学生避免一些安全事故。

1. 熟悉体育教学中必要的急救知识

在体育课堂上，学生的运动损伤（如扭伤、挫伤、擦伤等）会时常出现，学生了解和掌握必要的急救知识非常重要。例如，关节韧带拉伤、扭伤后，早期因受伤部位出血、渗出，可造成局部肿胀、疼痛，随后可出现皮下青紫。急性损伤发生后，应避免再次活动造成二次损伤，以加重损伤部位出血，应尽快用冰块局部冷敷或冷水冲洗损伤部位以达到止血、减少渗出的目的。然后可给予绷带加压包扎，既可固定受伤关节缓解疼痛，又能局部加压减轻肿胀。

2. 提升学生安全意识

体育教学实践活动是培养学生安全意识、帮助学生掌握生活技能的突破口。①

① 杨学达. 中小学体育教学中学生安全意识的教育与培养［J］. 运动，2010（2）：65-66.

教师在教学中应对所授课内容、场地器材、练习规则等进行详细讲解，介绍每个动作环节不正确会带来的危险、会出现的问题，以及应如何进行自护自救等。在传授运动知识技术的同时，培养学生逃生、救护和紧急避险的能力，让学生体会到体育学习不但有利于身体健康，还能提升安全防范知识、生活技能和社会适应能力。体育教师还应该在教学实践中主动探求对学生安全意识教育培养的方法。[①]例如，在教学中适时开展“体验式”授课，将自救自护和逃生实践演练活动引入课堂教学中来，通过活泼、多样的形式，使学生提升急救方法和处理突发事件的能力。在这个过程中，学生能掌握正确应对突发事件的措施和方法，能培养镇静并勇敢面对险境的勇气和应对突发事件的能力，增强面对挫折的心理素质，从而提高在运动中的自我保护意识。

3. 精心设计课堂教学内容，将安全教育渗透到课堂始终

体育课既是以身体运动练习为主要手段，促进学生身心健康为目标的学科，又是养成终身体育习惯的良好开端，还是学生健康学习和幸福生活的起点。在体育课堂教学中，教师要精心设计课堂教学内容，把安全教育渗透到教学的每一个环节中。

（1）课前做好各项组织工作，确保教学过程安全。首先，在课前细致周到地检查运动场地和器材是否安全；其次，在课前做好各项准备工作，检查学生的着装和随身携带的物品等，排除潜在的不安全因素；再次，在每节体育课上都要让学生充分做好准备活动，如在课前进行慢跑等。

（2）强化体育课堂教学组织管理。教师应当转变教学观念，重视安全防范工作，体育课也要有严格的课堂纪律，不能采取“放羊式”的管理模式。通过科学的课堂管理，让学生能够在课堂中学到更多的知识和技能，从而使学生的身体机能得到更好的发展。

（3）知识性与趣味性相结合。完成一节体育课的教学任务后，要指导学生做好充分的放松运动。趣味放松能有效地缓解身体疲劳，教师应按照课堂运动负荷的大小，适当选择放松时间，使学生的心率平缓下来。

此外，在体育教学中，教师要善于观察和发现学生中存在的一些异常情况。

---

① 凌文杰．学校体育活动中学生伤害现象的预防与急救［J］．少林与太极（中州体育），2016（1）：45–50.

如有的学生因在家生气或心情不好而发脾气，情绪表现不稳定，甚至产生攻击性行为等，对这样的学生要善于引导，及时发现他们身上的闪光点，给予表扬和鼓励。

案例解读

案例 3–10　水平一：跳跃与游戏立定跳远教学片段

本案例由辽宁省大连市甘井子区实验小学付强老师提供。

本案例以游戏为主要教学手段，以立定跳远为主要教学内容，以小组合作、自主探究为主要学习方法。教师通过创设“小兔子跳方格”“模仿高矮人”等教学情境，引导学生大胆创新，积极参与，激发学生的学习兴趣，营造良好的课堂氛围，让学生在自主、尝试、体验的过程中获得乐趣，在玩中学会立定跳远，同时增强学生的安全意识。

【活动目的】

在趣味跳跃游戏中，学习急救常识和预防损伤常识。

【活动时间】

一周3～4次，每次35～40分钟。

【活动实施】

◎环节1　音乐慢跑：热身运动，储备能量

师：请同学们和老师一起跟随音乐慢跑热身，手臂端起来，一二一……请同学们跟随老师一起“穿越森林”进行探险。老师发现一条小河，让我们一起跳过去，继续“穿越森林”跑起来。老师又发现了一个山洞，让我们低下身子穿过山洞，同学们都穿过去了。老虎来了！同学们快跳到垫子上面！老虎没抓到大家，失望地走了。接下来请同学们在垫子后面站好，跟着音乐和老师一起做热身操——兔子舞，同学们要认真模仿老师的动作。

学生在体育委员的组织下进行慢跑训练，汇报训练成果，体育委员给各组颁发奖励。

师：同学们要想跳得远，必须拥有过硬的本领。下面我们一起来做“小兔子跳方格”的游戏，希望大家遵守游戏规则，注意安全，学会立定跳远的技巧。

学生分成四个小组，成四列横队前后左右两臂间隔排列，进行“小兔子跳方格”的游戏比赛。

教师全程参与，进行指导和调控，给予激励和评价。

◎环节 2 模仿高矮人：掌握跳远技巧，体会动作技术

师：（播放音乐）哪位“小兔子”能讲一讲跳格子的小技巧？想一想应如何在跳格子的过程中保护好自己？

学生讲解游戏过程中应该注意的安全事项等。

师：你们讲得可真全面，希望你们在其他体育练习中也要注意防护。下面我们来模仿高矮人。当老师说“高人”的时候，大家就尽量抬起脚跟把身体立到最高，同时双臂上举；当老师说“矮人”的时候，大家就屈膝半蹲，用腹部贴紧大腿前侧，同时双臂后举，目视前方。

学生根据教师的口令进行“模仿高矮人”的游戏。

师：大家都做得很好。下面我们又恢复小兔子的身份了，我们要用双脚同时跳出去，并用双脚同时落地。看谁落地轻巧、声音小，注意观察前面同学的位置，不要撞到一起。

学生体会动作，感受“快、摆、蹬、折、收”的动作技巧。

教师强调安全，引导“小兔子”分组练习，并巡回指导和纠正。

各组学生根据分配的任务进行练习，感受立定跳远的技巧。

教师组织各组轮换练习、展示、交流，同时让学生互相观察，指出对方动作中存在的问题，如个别“小兔子”没有双脚同时起跳等，帮助学生及时发现错误并纠正。

◎环节 3 穿越“迷宫”：提高安全意识

师：刚才各组同学练得都很认真，技术掌握得也很好。所有的“小兔子”都在跳方格中练就了跳跃的本领。下面我们一起去穿越“迷宫”（见下页图），看谁能发现规律，并用我们学过的技能穿过“迷宫”。

1	2	3	4	5	1
2	3	4	5	1	2
3	4	5	1	2	3
4	5	1	2	3	4
5	1	2	3	4	5

“迷宫”示意图

（游戏说明：六只“小兔子”站在方格数字1上，然后从1跳到5，再从5跳到1，方向和路线可自行选择，最先完成者获胜。）

教师再次提醒学生跳远的注意事项，如收腹举腿、小腿尽量往前伸、屈膝落地缓冲、保护膝盖等，提高学生在课堂上主动识别危险的能力和自我保护的安全意识。接着教师讲解综合练习的规则和要求，组织各组模拟场景布置场地，学生分4组进行穿越“迷宫”综合游戏比赛，教师适时进行调控、提示、评价。

◎环节4　胜利闯关：完成任务，放松自我

师：同学们，有几只“小兔子”刚刚把脚扭了。你们知道如何帮助他们吗？

学生以小组为单位，商讨如何帮助脚扭了的“小兔子”。

生：我们先给“小兔子”冰敷一会儿，让“小兔子”的脚先消肿，然后再送“小兔子”去医院检查。

师：你们的处理方法很科学、很规范。如果“小兔子”因为天热突然中暑了，你们又会如何处理？

生：我们要先把中暑的“小兔子”转移到阴凉的地方，再给“小兔子”喝水解暑。

师：首先把中暑的“小兔子”转到阴凉通风处，完全正确，给你们点赞。接下来要做的是给“小兔子”降温，把湿的凉毛巾放在小兔子头部和腋下帮助降温。同时给小兔子喝点富含电解质的饮料，千万不能喝矿泉水，那样可能会引起抽搐。

师：同学们，还有很多急救知识，大家可以回家收集，我们下节课在课堂上继续讨论。

◎评析 会急救，懂防范，跳得稳

小学低年级的学生喜欢有游戏性、挑战性的活动，但立定跳远技术动作相对单一，学生很容易产生厌倦心理，也很容易受伤。体育教学中的安全意识培养要注重实践性、实用性、实效性。教师将立定跳远的教学内容和“小兔子跳方格”“模仿高矮人”的游戏有机结合，设计不同的游戏环节，层层递进，使学生不仅能通过游戏化情境掌握基本运动技能，而且能将安全教育与体育学科本身的特点结合，有助于培养学生的安全意识，从而提高学生在运动中的自我保护意识。

体育场地、器材、设施是开展学校体育课的物质基础，安全和谐的教学环境是学生上好体育课的基本保障。环节 1 中，教师创设模拟情境，通过队列训练、慢跑等环节，引导学生积极练习，储备体能。

环节 2 中，教师结合“快、摆、蹬、折、收”等基本动作技术，将运动项目进行游戏化处理，并通过分组轮换练习，让学生逐渐掌握每个基本动作技术。教师还可以通过展示一些由于不规则动作、不注意课堂纪律及缺乏安全意识造成的运动事故的图片，对学生进行安全教育，以图片的直观性和视觉冲击力，教育学生提高安全意识。

穿越“迷宫”是在学生掌握立定跳远动作技术的基础上设计的，以巩固和检验学生所学的基本技术。环节 3 中，教师还可以先带领学生一起检查体育设施及教学环境是否安全，布局是否合理，培养学生的自我安全保护意识。从教师带领学生检查体育设施到学生自己检查体育设施，教师要对其进行辅助指导，使自我安全保护成为每个学生的自觉行动。

对于体育教学中出现的一些剧烈运动和具有安全隐患的器械运动，许多学生没有安全意识，很容易麻痹大意。因此教师要提前制订预防措施，全面落实安全教育和管理措施，避免一些意外事故的发生。环节 4 中，教师设计“小兔子”受伤扭脚了，引导学生以小组为单位共同研究和商讨处置措施。这样设计，一是为了调整学生的学习状态，让学生的心率得到放松和恢复；二是让学生了解立定跳远时出现扭脚的情况该如何处理，进而使学生学会急救知识，增强安全意识。

23 如何在武术教学中激发学生的学习兴趣，提升学习效果?

《课标 2022》提出：

➡ 借助现代信息技术手段展示和模拟动作，帮助学生理解所学中华传统体育类运动项目的知识与技能。

➡ 选用有趣、多样、贴近生活的教学内容和方法，提高学生学习的积极性。

➡ 强调结构化技能的教学，培养学生对完整动作的体验和理解。

➡ 采用“打练并进”的教学策略，如引导学生在单势动作技术练习、编排好 2～3 个连贯动作技术的攻防演练基础上，进行规定攻防动作技术的半实战练习等，提高学生的对抗能力和竞争意识。

理论阐释

武术自 1915 年被正式纳入现代学校体育教育领域至今，已经走过了一个世纪的漫长历程。经过一百多年的发展，学校武术教育在普及程度和发展规模上，相较初始阶段都有了长足的进步。因为同属学校体育教育的范畴，武术教学与其他体育项目教学有着相同的价值主旨，如促进学生的体质健康、强化学生的体能、提高学生的运动水平等。此外，较之学校其他体育项目，武术还融摄了丰富的传统文化、蕴含着多元的民族精神。[①] 武术以学生能打会练、强身健体，提高防身自卫能力，助力学生形成爱国忠诚、和谐友善、勇敢自信、诚实重义的价值观为目的。正因为其独特的育人价值，《课标 2022》把武术作为六大运动技能之一，在义务教育阶段开始普及和发展。那么，如何在武术教学中激发学生的学习

① 王晓晨，赵光圣，张峰．回归原点的反思：中小学武术教育务实推进研究［J］．天津体育学院学报，2014，29（3）：197–202.

兴趣，提升学习效果呢？

1. 结合运动或生活实践创设问题情境，将武术谚语融入武术教学

武术作为中华民族传统体育运动项目在中华大地上已传承数千年，理应得到继承和发展。随着武术运动的传承与推广，武术谚语或武术口诀在武术教学中被广泛应用。在武术教学中融入谚语，可以强化教学效果，烘托课堂氛围，简洁的谚语用生动形象的语言阐释了习武的要义，蕴含着丰富内涵的拳理知识和武术思想，其深刻的寓意表达、押韵的形式刻画、多重的教化实践，有利于激发学生的探索精神，助力武术在校园落地生根，促进学生积极学习，达到终身锻炼的目的。①

2. 合理安排武术内容，通过结构化教学，将技术教学与武术实战相融合

在武术教学过程中应以学生身心发育为依据，小学、初中循序渐进，并根据学生发育情况进行分层教学。小学阶段，作为武术打基础阶段，可根据武术项目的特点，抓基础，强化武术基本功，应动静结合、静练单一、动练套路；在初中阶段，作为武术提高阶段，应根据武术项目特点，强化武术的实战运用，进行“打练结合”教学，打实战，练套路。

3. 采用多种互动式或探究式教学模式，建立完善的评价体系

探究式教学有利于培养学生积极的学习态度。在武术教学中，学生通过探究式学习，发现自身不足并及时纠正，可极大地提升武术学习的效率。② 教师通过多维式和多级式的互动教学模式，建立完善的武术评价体系，可激发学生参与武术学习的热情，进而提升武术教学效果。“教师将学生群体随机分为若干学习小组，教学内容在师群、师组、组间和组内开展，实现课堂互动的多维化的师生多维型互动教学模式”③，该模式在加强体育课堂互动深度的同时，能够充分调动学生学习的积极性，提高学生的集体荣誉感和交际能力。教师要重视构建生活化的生生评价和适当引入外部评价，构建完善的武术课堂评价体系，可有效促进武术

---

① 赵迎山，杨飞．武术谚语融入高校武术教学的模式构建及路径研究［J］．武术研究，2021，6（9）：72–74.

② 王玉国，宋忠田．高职武术教学中探究式教学的应用思考［J］．科学咨询（科技·管理），2021（9）：268–269.

③ 薛金宏，曹庆华，柴光伟．高校武术课堂互动教学模式探析［J］．武术研究，2021，6（8）：102–104.

课堂互动的双向、多维和多级发展，实现武术教学效果的稳步提高。

4. 运用信息技术手段，提高武术教学效果

随着时代的发展，学生获取知识的方式越来越丰富，信息技术广泛应用已经成为学生日常生活中不可分割的一部分。教师在武术教学中，运用信息技术制作微课，开展翻转课堂教学，有利于形成具有时代性的、多元高效的武术教学模式，可提高学生学习的积极性和主动性，进而提升武术教学效果。

案例解读

案例 3–11　水平四：健身短棍教学片段

本案例由辽宁省大连市一〇一中学陈浩然老师提供。

健身短棍是 9 年级的武术教学内容，是学生在掌握健身长拳和健身南拳的基础上学习的第一个武术器械套路，包括棍术的基本棍法和基本动作。在以往的武术教学中，教师都是采用直接讲解示范的方法开展武术教学，这种方式导致学生学习兴趣不高，课堂效果不好。本案例中教师利用图解的方式进行探究式教学，以激发学生学习武术的兴趣，教会学生利用图解来学习武术套路的技能，达到“授之以渔”的教学目的，进而提升学生的学习积极性和主动性，达成教学目标。本案例是棍术课中关于闪身拦架和三把连击的内容。

师：同学们，上节课我们一起学习了健身短棍前三动，并初步了解了武术图解的基本知识。武术图解的虚线、实线、箭头和箭尾分别代表什么意思？

生：左虚右实。虚线代表左侧肢体，实线代表右侧肢体，箭头为动作止点，箭尾为动作起点。

师：说得非常好！下面就由老师来教大家如何利用武术图解学习闪身拦架动作，下面我们一起来看图解。

教师边讲解图解边演示动作。学生分为四个异质小组，在组长的组织下，结合图解做模仿练习。教师巡回指导。

师：集合！下面请各小组展示自己的学习成果。哪个小组愿意先展示呢？

各小组踊跃展示。

师：这个小组展示得非常好！但还有不够完美的地方，你们能指出来吗？

学生指出问题，相互纠错，相互评价。

师：同学们做得非常好！下面我们一起来看视频，比较自己的动作和视频里的慢动作演示有什么差别。

学生看视频纠正自己的动作，继续练习。

师：同学们，老师发现你们的动作路线都非常准确，动作也很规范，但总觉得还差点什么。下面你们一起看老师的示范，看能不能找出问题所在。

教师进行示范，用口诀“稳、准、力、快”强调动作的精气神。学生再练习，注重精气神。

教师出示“三把连击”图解，学生以小组为单位，由组长分配任务，结合图解探究学习“三把连击”的动作技巧。教师巡回指导，强调动作路线的起始点和经过的路线。

学生再结合视频对自己的动作进行纠错、强化。然后学生展示、互评，教师集体点评。

教师用口诀“棍身能打人，棍头能打神”来解释攻防的含义，再次强调武术学习旨在健身防身，而非恃强凌弱，对学生进行武德教育。

教师播放《男儿当自强》的背景音乐，让学生串联前面所学的 5 个动作技巧，进行展示比赛。

◎评析　创新教学形式，提高教学效果

长期以来，我国中小学武术教育普遍倾向“繁”“难”套路内容的知识传递，过度重视知识技能和技术动作的规范化，难以激发学生的学习兴趣。本案例教师改变过去单调的示范讲解法和重复训练法，利用多媒体（视频、音乐、图示等）呈现形式，教会学生“看图学武”，激发学生的求知欲。

武术教学中的实战是最吸引学生的教学环节。在对抗实践中，学生一旦体验到武术发力的特点或技巧，或是突破对方的进攻或防守，就能感受到巨大的成就感，获得武术对抗的乐趣。同时，中华武术修身更修德，教师在讲解武术攻防含义的时候，也对学生进行武德教育，发挥武术对人格培育的作用。

在评价环节，教师先让学生通过小组间动作技术的差异比较，让学生找到自

身的不足，然后用激励性评价提升学生学习的自信心。在最后的展评环节，教师通过集体展示比赛激起学生的好胜心，使得被动的武术学习向主动学习转化，从而有效促进学生武术运动能力的培养。

信息技术手段在体育课堂上是辅助教师进行课堂教学的，其任务是将教师无法呈现的细节展示出来。本案例教师提前录制视频，通过慢动作将武术动作细节和起始路线清晰地呈现出来，让学生更清楚地看到整个动作线路。学生结合视频再看图解，使武术动作具有活力、趣味，这也符合现代学生的学习习惯与学习需求。

24　如何运用选项走班制教学模式提升学生的专项运动技能？

《课标 2022》提出：

➡ 体育与健康课程在高度关注对所有学生进行激励与指导的基础上，针对不同身体条件、运动基础和兴趣爱好的学生因材施教；提出不同的学习目标，选择适宜的教学内容，采用多样的教学方法与学习评价方式，为学生创造公平的学习机会，促进每一位学生产生良好的学练体验，增强学习的自信心，在原有的基础上获得更好发展。

➡ 在 7～8 年级，应根据学生的兴趣爱好从六类专项运动技能的四类中各选择 1 个运动项目进行教学……原则上一个学期指导学生学练 1 个运动项目，在继续发展学生体能的基础上重点发展专项运动技能；在 9 年级，学校可以让学生根据兴趣爱好自主选择 1 个运动项目进行为期 1 年的学习，保证学生初中毕业时掌握 1～2 项运动技能。

理论阐释

《〈体育与健康〉教学改革指导纲要（试行）》明确提出：“打破传统的体育课

堂教学组织形式的局限性，积极探索与适当增加‘体育选项走班制’教学组织形式。”

体育学科走班制教学是立足学校的实际、基于年级学生的兴趣需求和发展，打破自然班，按照运动专项和学生兴趣爱好选择分班的体育课堂组织形式。学校组织走班制教学可以很大程度上满足学生的体育学习兴趣。不同的学生有不同的体育兴趣爱好，有的喜欢足球、排球等竞技性和对抗性强的运动，有的倾向于啦啦操、健美操等体现艺术美的运动。自然班级的授课满足不了学生的多样化需求，更关注不到每名学生的受益程度。走班制教学可以在一定程度上解决学生对体育运动的初始兴趣问题。走班制教学还能满足学生掌握运动技能的需求，使学生能够有更多的时间在自己喜爱的运动项目上夯实基础并有所提高，为熟练掌握1～2项运动技能或者专项运动技能提供保障。除此之外，走班制教学由于满足了学生兴趣、关注了学生个体差异，学生的学习积极性和主动性等会有很大程度的提高，有助于学生形成自主锻炼的习惯，体育课堂健全人格、增强体质、磨炼意志、增进健康的作用也将得到更大程度的发挥，使每个学生都终身受益。

基于学校实际情况和学生的兴趣爱好等，应如何找准切入点，把握对接点，汇聚各方资源力量，利用走班制教学模式，提升学生的专项运动技能呢？

1. 优化师资队伍，提高专业技能

走班制教学不仅要求教师充分发挥自己的专项运动技能，进行专业化教学，而且还要求教师必须具有很强的专业知识和技能。因此，教师需要不断提高专业技能，完善和学习专业知识，提升专项教学能力，积极探索走班制教学的实践经验，反思课堂教学活动，定期开展各种研修活动，不断提升专业素养。教师应充分发挥课堂“主阵地”的作用，大胆设计选班专项课的教学内容，尽量体现练习的实效性、内容的全面性、参与的广泛性和活动的趣味性与竞赛性等，满足学生的学习兴趣和欲望，不断提高学生的专项技术和技能，让学生真正感受和体验到走班制教学给他们带来的乐趣和运动技能的提升，能为“学、练、赛”一体化走班制教学实践和丰富教学设计奠定良好的基础。

2. 因材施教，满足多样化发展需求

因材施教，满足学生的多样化需求，是走班制教学提升教学效果的教学手段。即便不同学生选择的是同一运动项目，但是学生的技术掌握程度会有所不同，技能水平也会有所差异，因此，教师要充分考虑同一专项运动教学的班级分

层。如果人数过多，可以分快、中、慢层次班，也可以分基础、拔高、卓越班等进行教学；如果人数相对适中，可以根据学生个体差异合理安排教学内容，利用菜单式教学组织学生学习，充分发挥走班制教学课程的服务性。如基础一般的学生可以采取“单个技能＋简易比赛”，基础较好的学生可以采取“技能＋组合＋接近比赛”，技术更好的学生可以采取“组合＋技战术＋正式比赛”的由浅入深的单元式学习方式……聚焦“教会、勤练、常赛”，通过合理开展运动项目的必修选择性教学，培养学生掌握 1～2 项运动技能和专项运动技能。关注学生个体差异，因材施教，促进学生产生良好的学练体验，使每一名学生在学习中都能获得进步和成就感。这样更能使走班制教学具有连续性和针对性，能够更好、更专业地培养学生的体育爱好，让走班制教学向求质、求精转变。

3. 有效教学，提高学生综合素养

基于“学、练、赛”一体化的走班制教学实践，教师应在把握好教学规律的前提下，遵循学生的认知发展规律，选择有利于学生发展的学习方式，充分体现“以学定教”的教学观念，通过任务干预，驱动学生单人练、双人练、多人组合练及游戏竞赛等迁移式学习，提高学生对技战术学习的理解和运用，让学生真正理解、掌握和会用运动技能；或者根据学生的技能掌握差异性，融入分层教学。

走班制教学基于学生发展需求，满足学生个性化发展，一切活动都以学生为主体，一切活动皆从学生实际出发，让不同层次的学生在感兴趣的自主、合作、探究活动中学习锻炼，帮助学生在体育锻炼中健全人格、享受乐趣、增强体质、锤炼意志，不断提升学生的运动技能水平，使学生牢固掌握专项运动技术。

案例解读

案例 3–12　水平四：篮球突分配合接球上篮教学片段

本案例以改革创新为突破，引入选项走班制，以促进学生发展和学习兴趣为主要目的，以牢固掌握篮球 1～2 项技能为主要宗旨，以解决问题为根本，以“学、练、赛、评”和“课课练”体能练习为主要教学模式，通过模块任务驱动，帮助学生学会打篮球，并使学生知晓篮球比赛的一些规则和裁判方法的相关知识等，发展学生核心素养。

师：今天，我们继续学习篮球——突分配合接球上篮的动作技术，希望同学们在上几节课传切配合学习的基础上，进一步巩固练习。

教师播放 CBA 主题曲《冠军》的背景音乐，组织学生绕篮球场地进行行进间高、低运球热身，提示学生注意事项等。

在热身环节游戏过程中，教师讲解团队传接球比赛的规则并进行示范。

学生分成四个大组，每个大组再分三个小组（每小组四人）。四个大组在分别进行“移动篮筐”比赛时，先由两个小组进行比赛，每大组不比赛的小组（或者比赛后下场的小组）在场下进行左右手交换低运球练习。学生交替进行上场比赛和场下运球练习。教师巡回调控、提示。

在基本部分环节中，四个大组的学生分别在四个半场进行两人行进间传接球上篮练习。教师巡回调控。

教师和两名学生在篮球场地中间进行二对一突分配合上篮练习示范，引出本课主题——突分配合接球上篮。教师出示挂图，运用自编口诀进行动作要领的讲解，提出练习要求。学生听教师讲解，认真观看挂图，说出动作口诀。

学生自由结合，三人一组，分别由大组长组织，在四个半场（每个半场四小组 12 人）进行二对一消极防守突分配合不上篮练习。在练习过程中，学生可随时观摩挂图。教师巡回指导，进行提示和纠正，并给予鼓励。

学生在组长的组织下，进行二对一消极防守突分配合上篮练习。教师巡回指导，进行提示和纠正，并给予鼓励。之后，优秀学生进行展示，其他学生观摩学习。教师点评。

教师和两名学生进行二对一积极防守突分配合上篮练习示范，强调练习要求。各组学生在各自场地依次进行二对一积极防守突分配合上篮练习，并根据教师点拨提示语，改正自己的动作技术。教师巡回指导、提示、点评。

教师在场地中间讲解、示范两分钟二对一突分配合上篮接力赛规则、方法和要求。

接力赛规则

每组三人，四个小组组成一个大组。听到哨声，从中场开始，第一小组进行突分配合上篮，无论球进与否，球落地且三人运球返回后，下一小组才能进行，依次类推。每次进球都要大声说出依次进球的数量，最后统计两分钟各大组上篮进球数量，进球数多的组获胜。

各大组在教师的组织、调控下，进行两分钟二对一突分配合上篮接力赛，组员相互鼓励。赛后各大组汇报成绩，教师宣判比赛结果，并点评比赛。学生根据教师的点评，改进动作技术。

师：同学们，刚才大家学习和练习得都非常认真，技术也得到了提高，但最重要的是要学以致用。接下来，我们进行半场五对五篮球赛，希望你们能将今天所学的突分配合技术运用到比赛中，注意动作要领，注意安全。

各组学生进行五对五篮球赛，每组一名学生轮流担任裁判。教师巡回指导、纠正、点拨，并参与学生练习，引导各组学生轮流当裁判员，并普及裁判方法。

教师总结五对五篮球赛，并组织学生配合动感音乐进行三分钟“课课练”体能练习（平板支撑左右拨球、持球俄罗斯转体等），之后组织学生进行拉伸韧带和肌肉放松练习。

◎评析　基于学生需求，助力学生发展

本案例是一节走班制教学的篮球课。教师以体育学科核心素养为引领，以“教会、勤练、常赛”为抓手，注重课堂中技能、体能、兴趣、竞赛的有机融合，坚持以目标导向为指引，将知识与技能、过程与方法、情感与体验充分融合，通过点、面结合，使不同层次学生在知识、能力、行为、健康等方面得到全面提升和发展，充分体现出走班制教学的人文关怀。

1. 尊重学生个性发展，激发学生学习欲望

篮球走班制选择性教学是让一群有志于篮球发展、喜欢篮球运动的学生从不同班级走到一起，基于学生的兴趣爱好和发展水平设计教学内容，尽可能发挥每名学生的个性和特长，尊重学生的个体差异性和特殊性。本案例中，教师开展的篮球突分配合接球上篮的教学活动都是以学生为主体，无论是二对一突分配合上篮练习还是五对五篮球分组比赛，都是从学生出发，满足每名学生的兴趣需要，教学氛围也非常生动、活泼，特别是教师在安排消极防守和积极防守时，无限接近正规篮球比赛的规则，逐渐使学生感受到这种运动竞争激烈的程度，这正好符合学生争强好胜、愿意展示自己的特点。

2. 形式多变的教学方式，提高学生综合素养

教师在走班制教学的基础上，基于“勤学、多练、常赛”，采用由易到难、

由简单到复杂、由无防守到有防守、由消极到积极的迁移式学习过程，逐渐提高学生对篮球技战术的理解和运用。为了培养学生的执裁能力和规范篮球比赛的意识，使学生在篮球课中得到全面提升，教师还根据前几节课所传授的裁判方法和篮球规则，大胆尝试让学生担当裁判。这样的教学环节设计不仅使学生达到增强体质、强身健体的目的，还能促使学生获得愉快的情感和成功的体验，激发他们对学习篮球运动的兴趣。

合理利用走班制教学模式，能够从根本上提高学生运动技能的专业性和课堂教学的针对性、连续性，真正做到以学生为主体，满足学生的学习兴趣，使学生最大限度地学习到专项运动技能，并能不断提高专项运动水平。

第四部分
“学业质量”与“课程实施”解读

《课标 2022》根据体育学习实践性和健康教育实用性的特点，强调要以学生发展为本，应依据核心素养内涵、课程目标、课程内容、学业质量标准，创造性地设计教学和实施课程。体育与健康课程的教学是教师广泛运用各种资源，选择有效教学内容，采用多样化教学方法，指导学生在面对问题、解决问题的真实情境中形成核心素养的实践活动。《课标 2022》根据不同水平目标和课程内容，提出了相应的内容要求和学业要求，并制定了学业质量标准，为学业质量评价提供了依据。

25 如何通过体育游戏培养小学生的创新意识?

《课标 2022》提出:

➡ 教师要摒弃说教课、“放羊课”、安全课、单一技术课、测试课等，设计目的明确、内容丰富、情境真实、方法多样、互动良好的完整学习活动，将“学、练、赛”有机结合，引导学生在充分动起来的过程中享受运动乐趣，形成丰富、深刻的运动体验，在做中学、学中思、思中得。

理论阐释

创新是通过对中小学生施以教育和影响，使他们能够善于发现和认识有意义的新知识、新事物、新方法，掌握其中蕴含的基本规律，并具备相应的能力，为将来成为新型人才奠定全面的素质基础。创新意识的培养，最终还要落实到教师组织实施的课堂上来。在课堂教学中，培养学生学习的主动性，让学生成为学习活动的主人，让学生在课堂上“动”起来，是培养创新意识的关键。①

《课标 2022》在小学各水平目标中，注重通过体育游戏教学发展学生基本运动技能、体能和专项运动技能，培养学生创新意识等核心素养。

小学阶段是一个人终身发展的基础阶段，更是一个人创新意识和创新能力萌芽的黄金阶段。在这一阶段对学生的创新能力进行培养，对于学生未来的发展具有重要的作用。体育游戏可以在一定程度上激活学生的思维，增强他们的行动力和执行力，有利于培养创新意识。

体育游戏是由一定的情节、形式、规则和结果等组成的综合性运动，它既不是组织松散的一般性游戏，也不是控制严格的一般性体育教学和训练，以鲜明的特点和特殊的功能在学校体育中占有一席之地。体育游戏既可以让学生体验成功的愉悦，又能培养学生遵守纪律、规则的习惯，游戏过程中可让学生摸索或讨论

① 欧阳燕秀. 在小学语文教学中培养学生的创新意识［J］. 教育评论. 2000（5）：67-68.

取胜的方法，使游戏充满公平竞争的比赛氛围。学生积极参与体育游戏，可以有效地激发团队合作精神，有利于体力、智力发展和创新能力的提高。

创新意识实际上就是一种思考的能力，如何将这种能力在体育游戏中体现出来呢？这就是体育游戏对学生创新意识的一种启发，例如，“活动篮筐”的游戏和一般的篮球比赛有很大的区别，学生如果墨守成规就很难取得胜利。赛前快速地思考和分析是取胜的关键所在，预判篮筐可能活动的路线和范围，并作出相应的部署，在比赛的过程中有条不紊地进行防守、传球、投篮，才有可能赢得游戏。这种改变传统篮球比赛的方式启发了学生的想象能力、判断能力和思维能力，为创新意识的培养奠定了良好的基础。

在体育游戏教学中，教师应重视学生的主体发展与合作学习，让学生享受合作运动的乐趣，满足学生身心发展的需要，让学生体会到“健康体育”“快乐体育”的真正内涵。

1. 创新游戏内容与规则，激发学生进行体育运动的兴趣

体育游戏内容的选择和规则的制定一方面要与教材相吻合，另一方面要符合游戏本身的特点和学生身心发展规律，这样，选择的游戏内容、制定的游戏规则，学生才愿意接受。同时，教师应允许学生自己思考规则和要求，探索规则和要求的合理性。例如，教师可以尝试“放手”让学生自己“玩”，当学生觉得不公平时，引导学生共同制定可行的游戏规则，探索更快、更有效的游戏方法。学生自己制定规则，更容易自觉遵守规则。在创新游戏内容与规则的同时，激发了学生参与游戏的兴趣。

2. 创设游戏情境，引导学生进行创造性思维

丰富的想象是创造性思维的翅膀，创设情境很容易把学生带入想象的天地，有利于激发学生的创造性思维。例如，在篮球战术教学中，教师可以设计与篮球战术有关的游戏，设置对抗场景，引导学生发现问题、解决问题。在体育教学中，游戏设计的种类越多，学生接触的情境越广泛，发问的能力就越强，设想的方案也就越具有想象力，不仅有利于学生积累大量的创新经验，也有助于培养和增强学生创新的勇气和信心。

3. 给学生提供探索和解决问题的机会

在体育游戏中，可以通过环境的营造来激发学生的创新意识，从场地和器材

的设置上激发学生的新鲜感和好奇心。例如，摆放一些新鲜的体育器材，对同一种器材设计不同的摆放模式，进行不同的组合，从而激发学生探究问题的欲望；在场地上留一些空白的自由空间，让学生自己发挥想象，既能激发他们自主创造的积极性，又丰富了活动的内容。

4. 给学生提供动手实践的机会

体育游戏本身就是一种实践性很强的活动，因此，教师可以在体育游戏中创造一些让学生动手实践的机会。例如，提供一定的器材、零件或者废旧物品，通过一定的情境，引导学生自制活动器材。在投掷活动中，可以把情境设计成“去占领敌人的阵地”，用饮料罐、小木棍、绳子充当手榴弹，用软沙包充当炮弹等。这既训练了学生的上肢力量，又提高了学生的动手能力，培养了创新意识。

案例解读

案例 4–1　水平二：田径投掷教学片段

本案例由辽宁省大连经济技术开发区童牛岭小学戚大宇老师提供。

师：我们将场地一分为二，分别代表两座城池，被两支军队占领。现在男女生各一排组成一队。

学生自觉按性别分成两支队伍。

师：现在你们每个人都是一名“战士”，要保护自己的城池。每个城池里有50个沙包可作为“手榴弹”，在规定时间内，将“手榴弹”投掷到对方城池中，最终哪个城池里面的“手榴弹”多，就说明该城池被击败，占领该城池的军队全军覆没。大家注意：每支军队中都有对方军队的几名“间谍”，他们很有可能会进行一些破坏活动，所以，考验智慧与力量的时候到了。

两支军队各自商量对策。

师：听！战斗的号角已经吹响（放音乐），两支军队已经做好了准备，成败在此一举！

教师下达命令，战斗开始。学生利用各种方法将“手榴弹”投到对面城池中。

教师观察到有学生发现“间谍”并对其进行攻击，让“间谍”无法对自己的城池造成影响，同时组织本队“战士”积极进攻，保护自己的城池。

学生在教师的引导下懂得战略进攻，设计出了新的攻击路线。

教师吹哨，战斗停止！（音乐停止）

学生集合，教师对游戏进行总结。

◎评析　创设游戏情境，引导学生进行创造性思维

教师为发展学生投掷能力，开展情境教学，创设了攻占城池的游戏情境，轻松地将学生带入想象的天地，非常有利于激发学生的创造性思维。将游戏设计成占领敌人的阵地，学生会非常有代入感，积极思考应对策略并踊跃参与，既训练了学生的上肢力量，又培养了学生的思考能力，增强了创新意识。

本案例游戏情境创设得非常巧妙。首先，游戏内容有趣，吸引学生参与；其次，教师语言具有感染性，把学生代入到“攻占”现场；再次，游戏中师生互动、生生互动，不断发现新问题，也不断出现新策略，学生的创新思维得到发展。

26　如何利用信息技术提升体育课堂教学效果？

《课标2022》提出：

➡ 运用信息化教育手段和方法。在教学中，根据小学生感性认知能力强、初中生感性认知和理性认知快速发展的特点，积极开发与利用多种现代信息技术，开展微课、慕课、翻转课堂等教学，帮助学生通过线下线上相结合的方式，打破学习的时空壁垒，拓宽体育与健康课程的学习视野。

理论阐释

随着21世纪信息技术的创新发展和广泛应用，知识的承载主体发生了划时代的变化，教育资源共享、智力资源共享、学习时空无限延展成为客观现实。2016年5月，国务院办公厅印发《关于强化学校体育促进学生身心健康全面发展的意见》，明确指出充分利用信息技术手段改革学校体育发展、强化学校体育工作是提高学校体育教学水平最为有效的途径。信息技术可有效改善教学形式，丰富教学内容，激发学生学习兴趣，促进师生之间实现信息交互。①

体育知识和技能的习得是一个特殊的过程，需要依赖特定的时空环境资源。传统学校体育教学基本以面对面的讲解、示范、练习、竞赛方式进行，“教”在教学内容、教学方法、教学设计、教学过程等方面发挥着绝对主导作用，而“学”的地位则相对较弱。随着信息技术的发展和赋能，讲解和示范实现“上线”，练习和竞赛可以在数字化虚拟情境中进行，在线课程、虚拟仿真情境等开始发挥一定程度的体育知识和技能传授功能，“教”的部分功能被逐步替代，“学”的主体特性、过程、方法等受到更多关注。例如，将信息技术引入体育课堂，可以解决传统体育教学中教师的示范无法呈现动作细节的问题，弥补学生只知其形不知其意的缺陷。因此，信息技术赋能的学校体育教学，传统“教”的核心地位发生了转变，学生主动建构个体知识的过程得到强化，“学”的身份和地位得到了空前提升。但是，这并不意味着在信息技术时代，学校体育教学“教”会逐步退场。

随着时代的发展，信息技术与体育教学相融合既是时代发展的要求，也是未来体育教学发展的必然趋势。信息技术将对体育教学的发展产生重要的影响。作为新时代的体育教师，必须掌握最新、最前沿的信息技术，以适应新时期学生学习的需求，同时不断更新教育理念，掌握切实有效的应用现代信息技术的能力，改变传统的体育课堂教学形式，营造更为开放活跃的教学情境，进而提升体育课堂教学效率。同时，教师还应注意不能为了应用信息技术而应用信息技术，而应先吃透教材，再结合现代教育理念，制订出科学合理的目标，再用信息技术辅助课堂教学。② 新时代的体育教学应顺应时代发展的需求和学生接受知识方式的变化，因此，掌握必要的信息技术是现代体育教师的必要技能，也是实现信息技术与体育课堂教学有效融合的必要前提。

信息技术可以广泛地应用于体育教学各个阶段，包括课前、课中和课后，而不是仅限于课堂 40 分钟。教师和学生在课前可以通过网络学习来辅助课堂上的技术教学，课中可以通过信息技术改进课堂教学方法和教学过程，课后可以通过信息技术进行自主练习、相互讨论，进而提升学生的信息素养，使学生养成终身

① 赵洋. 探究初中体育教学中兴趣教学法的运用［J］. 新课程，2021（39）：136.

② 王原武. 现代信息技术与初中体育教学的整合措施探索［J］. 学周刊，2021（17）：165–166.

体育运动的习惯。①

在体育教学中，教师可以通过动作慢放、重复播放等形式全方位呈现传统教学无法呈现的动作技术发生过程，满足不同学生的学习需求。在练习过程中，学生可以根据需要，相互录制视频，然后通过视频剖析动作细节，从而改进自己的动作技术。

在体育理论课上，教师应用信息技术，如图文声像等多种形式，能改变传统的、枯燥乏味的体育理论课堂，大幅提高学生的学习兴趣。教师还可以利用信息技术快速帮助学生建立动作概念，便于学生掌握动作技术。例如，信息技术的应用能将枯燥乏味的足球理论知识以多样化的形式向学生讲解，直观的知识呈现能很快抓住学生的注意力，帮助学生正确地理解足球运动技术动作，再通过播放视频，对优秀运动员的技术进行分析，可以让学生迅速建立动作概念，更容易掌握足球运动技能。

需要注意的是，信息技术是辅助课堂教学的，在使用的过程中应遵循体育教学规律，为技能教学服务。信息技术的使用应根据教材特点和教学目标的需要，发挥其辅助课堂教学的作用，提升体育课堂教学效率。

案例解读

案例 4–2　水平四：田径快速跑弯道跑教学片段

> 快速跑的弯道跑技术是运动员完成 200 米跑、400 米跑、4×100 米接力跑和 4×400 米接力跑的必备技术，学生掌握了弯道跑技术，可在 200 米和 400 米的弯道上保持高速前进，减少弯道上离心力的影响。

教师让学生在平板电脑上观看东京奥运会男子田径 4×100 米接力决赛中国队的比赛视频。

师：同学们，苏炳添的第三棒跑得怎么样？

生：苏炳添太棒了，他在跑第三棒时超越了好几个对手。

---

① 夏倩倩．当 STEM 与小学体育课堂发生碰撞——STEM ＋背景下体育课程的开发［J］．小学生（中旬刊），2021（10）：80．

师：苏炳添是如何做到在弯道跑上不减速进而超越对手的呢？

生：苏炳添跑得快。

师：苏炳添跑得快是一个原因，但最重要的是苏炳添掌握了弯道跑的技术，因此，在弯道跑的时候他不但没减速反而提升了速度，进而完成了超越。今天这节课，我们一起学习快速跑的弯道跑技术。

教师组织学生在音乐伴奏下进行慢跑和韧带拉伸等一般性准备活动及跑的专项性准备活动。

准备活动结束后，教师带学生进入由两个同心圆组成的“圆周十字接力”场地（见下图），依据学生能力水平，按照异质分组，将学生分为水平相当的四个小组。

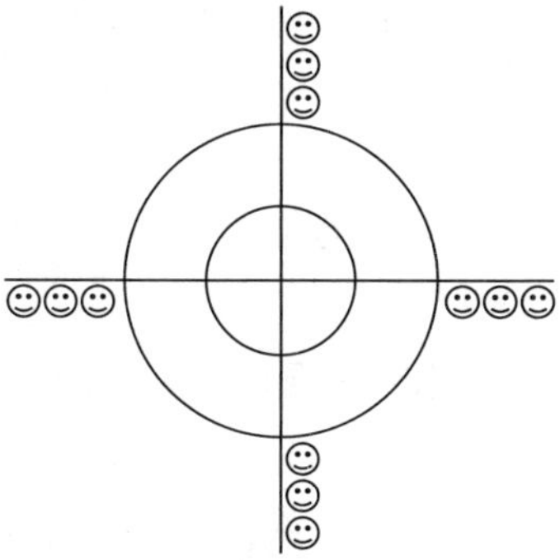

“圆周十字接力”场地示意

师：同学们，下面我们进行“圆周十字接力”的游戏。最后一组的同学将被“奖励”五个蹲起。

学生认真听教师讲解游戏方法和游戏规则。

教师组织学生在外面大圆上做“圆周十字接力”游戏。游戏结束后，教师对游戏结果进行评判。

师：同学们，在刚才的“圆周十字接力”游戏中，你们能体会到在圆周上跑和在直道上跑有什么区别吗？

生：在圆周上跑身体重心要不停地向圆心倾斜，两个手臂摆动幅度不一样，脚掌接触地面的位置不一样。

师：同学们说得非常好，那么弯道跑技术到底是什么样的呢？下面我们一起来观看视频。

视频中由慢动作开始讲解弯道跑身体重心的变化、手臂摆动的变化和两只脚掌接触地面的变化。最后呈现完整动作技术。

师：下面我们以小组为单位，在大圆周上体会弯道跑技术，同学们有不清楚的地方，我们可以再次观看视频。

学生分组在大圆周上体验，领会弯道跑技术。

教师集中学生，纠正学生的错误动作，并强调动作要点。

学生再次练习，组长利用平板电脑录制本组学生的练习动作。以视频对比的方式，帮助个别学生找出问题并进行动作修正。

师：刚才大家都学会了弯道跑技术，下面我们再做一次“圆周十字接力”游戏。

学生非常兴奋，跃跃欲试。

师：这次比赛，我只抓第一名，其他小组会得到五个蹲起的“奖励”。

学生在小圆周上进行第二次“圆周十字接力”游戏。

游戏结束后，教师评判比赛结果。

生：老师，我觉得我已经掌握了弯道跑技术，可是为什么在小圆周上比赛时速度越快就越难控制身体重心呢？

师：你能说说在大圆周上跑和在小圆周上跑有什么差别吗？

生：在小圆周上跑身体必须更大幅度地向圆心靠拢，外侧手臂摆动的幅度更大。

师：总结得非常好！的确是这样，在小圆周上快速跑，身体重心倾斜幅度和外侧手臂的摆动幅度都要远远大于在大圆周上的动作幅度。由此我们可以总结出弯道跑的特点：弯道弧度越大，速度越快，身体重心倾斜幅度越大，外侧手臂摆动的幅度越大，内侧脚外侧着地和外侧脚内侧着地承受的压力就越大。

◎评析　合理使用信息技术服务体育课堂

教师用中国队参加东京奥运会男子田径 4×100 米接力决赛的比赛视频导入本课，激发了学生的运动兴趣和学习欲望。

在准备活动阶段，教师利用多媒体（音乐伴奏）进行一般性准备活动练习，在营造欢快的热身氛围的同时，培养学生的节奏感。

在教授环节，教师的示范无法完整地呈现身体重心的变化和脚掌接触地面的变化，视频的应用解决了这个问题。通过播放慢动作，视频不仅可以完整地呈现动作技术，同时还把教师无法呈现的示范进行了完美的诠释，取得非常好的教学效果。

信息技术与体育教学有效融合，一定是信息技术辅助教师教学，信息技术不能完全代替教师。因此，体育课堂引入信息技术，还应以教师主导、学生主体为根本，信息技术辅助完成课堂教学。

27　体育课堂教学中如何实施少教多学（勤练）?

《课标 2022》提出：

➡ 创设丰富多彩、生动有趣的教学情境，倡导将教师的动作示范、重点讲解与学生的自主学习、合作学习、探究学习有机结合，将集体学练、小组学练与个人学练有机结合，注重将健康教育教学理论讲授、交流互动与实践应用相结合。

➡ 应尽量减少教师讲解、示范、队形调动等时间，让所有学生充分动起来，改变“不出汗”的体育课，增进学生体质健康，促进学生掌握运动技能。

理论阐释

长期以来，人们习惯把教学理解为：以教为中心，教师教多少，学生就学多少；教师怎样教，学生就怎样学。不考虑学生的个性和兴趣爱好，导致学生的自主性、独创性不能得到培养和发挥。

要实现少教多学（勤练），教师要充分把握学情，承认并尊重学生间的个体差异，精心设计教学环节，课堂上尽可能为学生的体验式练习留出充足的时间和空间，通过引导、点拨、小组交流、组内竞赛等多种练习方式，将教师讲解、示范与学生自主、合作、探究学练有机结合，将集体、分组和个人学练有机结合，引导学生思考、体验、探究、交流、实践、感悟、创造，培养学生分析、解决问题的能力和创新意识。

这样的课堂教学能使教师改变原有的教学设计思想，从教师独占课堂的思维中跳出来，充分信任学生，放手让学生在自主体验和探索研究中有所感悟、有所发现、有所启发，从而创设出自主、活泼、生动的课堂教学氛围，更有效地促进学生学习，更有效地增加练习次数和强度，更有效地锻炼身体、增强体质，更有效地增加课堂教学容量和效率，培养学生获取知识的能力、自我探究的能力，帮助他们养成终身受益的好习惯。

那么，如何通过建构少教多学（勤练）的教学来达到高效课堂的目的呢？

1. 精准体现学生主体，实现由“量”向“质”转变

由学生“学了多少”向“学会了多少”过渡、由“量”向“质”转变已逐渐成为课堂教学重要的评判指标。教师要树立“以学定教”的教学观念，贯彻执行《课标2022》和《〈体育与健康〉教学改革指导纲要（试行）》的教育理念，构建“教会、勤练、常赛”的体育课程教学新模式，关注学生的主体地位，积极引导学生自主学习，把课堂的时间和空间还给学生，让学生在宽松、生动的课堂上，多体会、多探究、多练习、多实践。“勤练”出来的技能，才能够形成动力定型，才能更好地应用。

2. 有效设计问题和情境，引导学生体验和实践

学生对体育技能和技术的掌握及提升是一个自我发展的过程，只有学生通过主动学习、反复体验，才能更好地完成“泛化—分化—巩固—自动化”的知识迁移。课前，可为学生设计前置性体育作业，让学生自主体会、归纳总结动作技巧，为“少教多学”打下基础；课上，根据学生掌握情况，采用设置问题以及“兵教兵、将点兵”等方式，引导学生自主体验、合作探究。学生带着问题通过自练、互练、创新练等方式，有针对性地进行体验、观察、实践，在感悟、交流中寻找解决问题的方法，掌握更多的动作技术。课堂上，教师要及时发现学生的个性和共性问题，通过巧妙引导、示范引领、强化练习等，让学生逐渐找到感觉，越练越有信心，学到更多的技术动作。

3. 明确学习目标和任务，建立多元展示平台

教师要为学生制订合理的学习目标，明确学习任务，拓宽学生发展空间，既要关注学生学习过程，又要关注学生学习水平及发展的潜能。教师应注意全面观察每个学生，充分调动学生的学习积极性，根据学生的练习情况，设计多元展示平台，展示学生的学习成果。建立开放的评价机制，针对不同情况的学生，展示的标准也不同，让每个学生都能完成展示。在展示过程中，学生会相互学习、互相激励，也会找机会向高一级的展示平台“跳一跳”，从而达到激励的效果，如投掷教学设定不同远度、篮球投篮教学设定不同距离的投篮点和不同高度的篮球圈等。

案例解读

案例 4-3 水平三：篮球行进间体前变向换手运球教学片段

◎环节 1 自主体验，感知动作

（1）原地右手运球 50 次，再用相同的运球方法左手运球 50 次。（1 分钟）

（2）右手进行 1 分钟行进间直线运球，再用同样的速度换左手进行行进间直线运球。两次运球结束后，分别记下运球次数。

师：运球时，怎样才能做到运得快、控得稳呢？

学生根据运球体验，交流总结要点：①重心降低；②主动迎球；③拍球的部位要准确；④手尽量不要伸直，两臂要自然弯曲……

◎环节 2 拓展延伸，强化技能

➡ **问题 1**：假设其他同学每人都是一棵小树，组成一个茂密的树林，要想运球穿过树林，应该怎么办？

学生先走着穿“树林”，然后再练习慢跑和快跑穿过。（各 3 次）

➡ **问题 2**：假如运球过程中遇到障碍物或者防守队员时，应该怎么办？怎样才能很好地运球绕过障碍物呢？

学生两人一组，体验练习。教师对个别学生的动作进行纠正指导。

师：练习过程中要抬头。变向换手时，手应该拍球的什么部位？

生：左右侧上方。

（3）学生自由组合，在组长组织下继续进行体验练习，练习运球绕过人和障碍物。（4 次）

（4）教师示范一人原地消极防守，另一人进行体前变向换手运球，让学生真正感受变向换手运球的魅力。之后，学生分组练习。（4 次）

（5）教师示范一人做积极防守，另一人进行体前变向换手运球过人，强调动作要领：球必须在双手张开下运过，同时要快速上步保护球，重心要降低。之后，学生分组练习。（4 次）

◎评析　有效设计问题，引导学生体验

体育课堂上，教师教得少一点，学生学练就会多一点，教学活起来，学生就能乐起来，课堂效率就会高起来。

1. 少教，巧妙引导，自我感悟

本案例中，教师通过让学生原地和行进间左右手运球练习，引导学生进行交换手运球，为变向运球做铺垫。在整个练习过程中，教师没有去教学生，而是通过启发和引导，让学生在深度思考中去感悟、探究，逐渐领会行进间体前变向换手运球的技巧，目的就是引导学生愿学、乐学、会学，培养学生获取知识和自我探究的能力。

2. 多学，知识迁移，有效提升

教师以问题为导向，让学生带着问题学，将其与学习目标的定位、教学内容的选择、教学方法的选用紧密结合起来。由自主体验到两人配合、由慢速到快速、由消极到积极，设计多个升级的小台阶，层层递进，有利于学生接受挑战、完成目标，培养学生分析问题、解决问题的能力。

“少教多学”的课堂，能更好地生发智慧教学，教师给学生更多“学”的时间，既利于激发学生的学习动机，又能更好地培养学生的学习能力。

案例 4–4　水平三：田径投掷和跳方格教学片段

本案例由辽宁省大连市教育学院研训教师孙萍提供。

◎投掷练习

➡ **问题 1**：怎样才能把球投得更远？

➡ **问题 2**：为什么每次投得不一样远？

学生在教师的启发下，使用肩上屈肘背后过肩的投掷方法，体会怎样才能把球投得更远，边思考边体会练习 10 次，并结合自己的投掷思考为什么每次投得不一样远，在思考中再次体会练习 10 次，之后捡回投出的 20 个球。

师：大家总结一下，怎样才能把球投得更远？

生：使劲、用力、快速出手、角度高一点……

师：比较一下，出手的速度应该怎样才能投得远？

生：出手快速。

学生在教师的引导下尝试几种不同的角度出手投球：非常高的、非常低的、斜上方的……学生继续体会练习 20 次，记住自己投得最远的成绩和投掷角度。教师指导个别学生改正动作技术，其他学生继续体验练习。

教师让投过第五条线 18 米的男生和投过第三条线 14 米的女生进行示范，其他学生分析他们为什么能投得那么远。之后教师进行投掷总结。

◎跳方格练习

（1）组织学生利用脚下的方格进行跳跃，体会各种跳跃方法。

（2）请一名学生利用方格进行跳跃练习，尝试把这些方格都用上，并且能跳得有规律。其他学生尝试、模仿练习。

（3）鼓励学生创造出不同的规律跳法。

（4）播放音乐，让学生尝试在音乐伴奏下有节奏地进行跳跃体验。

◎评析 明确学习目标和任务，建立多元展示平台

在体育课上，把教师的地位“降”下来，把学生的地位“升”上去，为学生学会更多的技能提供重要保证。体育教学要基于学生，发展学生，尊重学生个性差异，力求让每一个学生都能学有所获。

1. 明确目标，启发引导，突破自我

在本案例中，教师通过问题进行启发式引导，结合多次投球练习，使学生体会到出手速度快能把球投得更远；让学生尝试不同角度的练习，帮助学生在观察、比较、实践中获取最佳的出手角度，从而使学生掌握投得远的技巧；利用跳

方格的练习，让学生“兵教兵”，使学生在不知不觉中学会多种跳法；通过音乐伴奏，引导学生创造不同的有规律跳法。这些动作，都是学生经过多次体验、反复练习和模仿习得的。课堂上这样的少教多学有利于学生学会学习、主动学习，培养学生的创新思维和不断进取的优良品质。

2. 多次体验，多元展示，有效提质

在整堂课的教学中，学生体验多次投球。每次学生投完球后，都能在教师的调控下将球捡回来，这在保证安全的情况下，还能增加课堂容量和运动密度，为后续的“多学”打下良好的基础。在跳方格练习中，学生几乎没有停下来过，多次体验，多次模仿，学到了很多跳法。这不仅有利于培养学生解决问题、分析问题、处理问题的能力，而且能帮助学生在体育锻炼中享受乐趣，增强体质，健全人格，锤炼意志。

28　如何构建全员参与的“常赛”体系?

《课标 2022》提出：

➡ 将“学、赛、练”有机结合，引导学生在充分动起来的过程中享受运动乐趣，形成丰富、深刻的运动体验。

➡ 落实“教会、勤练、常赛”要求，注重“学、练、赛”一体化教学。坚持课内外有机结合，指导学生学会基本运动技能、体能和专项运动技能，提供更多时间让学生进行充分练习，巩固和运用所学运动知识与技能，参与形式多样的展示或比赛。激发学生参与运动的兴趣，让学生体验运动的魅力，领悟体育的意义，发扬刻苦学练的精神，逐渐养成“校内锻炼 1 小时、校外锻炼 1 小时”的习惯。

理论阐释

体育是教育的重要组成部分，是面向全体学生的教育活动。体育具有独特的育人价值，可以促进学生积极进取、学会遵守规则、懂得责任担当，可以提高学生的情绪调控能力和社会适应能力等。体育的这些育人价值主要是通过竞赛活动产生的，没有竞赛活动中的相互合作、奋勇拼搏、规则约束等，体育的育人价值会大打折扣。如果要实现“享受乐趣、增强体质、健全人格、锤炼意志”四位一体的体育教学目标，全员参与的常赛体系的建立是必要途径。

学校体育要实现“常赛”的目标，必须实现三个聚焦。

1. 聚焦目标定位，统一面向人人的竞赛标准

“常赛”体系的建立应把核心价值定位于发挥学校体育竞赛综合价值，促进学生健康成长，培养学生身心协调发展。首先，转变体育竞赛理念。要深刻认识体育竞赛在学生健康成长过程中的地位与价值，破除“普通青少年偏文轻体、精英运动员偏体轻文”的思想，以推动学生健康发展为共同目标，科学规划学校体育竞赛体系。其次，统一学校体育竞赛标准。要加强教育部门和体育部门的协同合作，在运动员参赛资格、运动等级认证、竞赛奖励政策等方面建立统一互认的竞赛标准，加强各级别赛事体系的联动性和衔接性，破除教育系统和体育系统两条学生赛事体系的隔阂，实现学生健康促进和体育人才培养协同发展，真正完善学校体育竞赛体系。

2. 聚焦资源建设，保障面向人人的竞赛资源供给

首先，政府部门要继续推进学校体育场地设施建设，组织专项体育教师（教练）培训，设立青少年体育竞赛专项资金，通过科学的顶层设计和组织实施，为学校体育竞赛发展提供必要的竞赛资源。其次，提高竞赛资源利用效率。合理规划体育场地设施建设，扩大体育竞赛场馆的功能，制订合理的体育场馆使用计划，安排专人负责组织和指导体育设施使用。提升体育教师和体育教练的专业技能，定期组织体育竞赛转型培训，推动优秀运动员转型教练，加强与青少年俱乐部、传统体育学校等的师资合作，采用网络化教学、现场培训、跟队实习等多元方式，帮助教练员更新知识和提升能力。拓展竞赛资金获取渠道，合理分配竞赛资金的使用，建立资金使用监管机制，公开资金的使用和流动去向，让所有资金都能有效地用在体育竞赛发展上。

3. 聚焦普及与提高，打造面向人人的竞赛体系

首先，打造多元化的竞赛供给机制，拓宽体育竞赛的范围和形式，建立适合不同年龄、不同运动能力且相互衔接的竞赛体系，为更多学生提供丰富的竞赛机会。同时，坚持学校体育赛事一体化发展，打造小学—初中—高中—大学四级联赛，加强与职业联赛的衔接，实现引领型、精英型、大众型三类体育赛事协同发展，既能为学生提供广泛的参与平台，也能加强竞技人才的培养，满足多方竞赛需求。其次，创新多元化的竞赛内容。根据学生生长发育规律及现实需要，结合促进学生健康成长和提高体育竞技水平两项目标，科学设计体育竞赛内容，创新体育竞赛形式。将竞技选材和健康促进融入体育竞赛中，在符合体育竞赛规律的前提下，尽可能将教育、健身、娱乐等多元内容植入体育竞赛体系。

案例解读

案例 4–5　水平四：校园足球改革案例

1. 全员参与的常赛设计思路

在有限的时间和空间里整体推进校园足球，通过对足球教学场地进行科学合理的布局，实现足球场地利用效率的最大化；将足球课堂教学比赛形式与校内班级联赛相统一，实现足球课堂教学与课外体育活动的有效融合；增加参加校内班级联赛的人数和比赛场次，提高初中学生对足球技术学习的积极性和主动性；采用异质分组的方式，有效发挥体育骨干的作用，培养学生的合作意识和团队精神。

2. 全员参与的常赛设计理论依据

依据美国西登托普的“运动教育”理论，教师在体育课上的教学内容设计和教学比赛部分，采用大单元教学和赛季制的形式。同时，将课上的比赛直接定为校内班级联赛。通过设置校内班级联赛的各种最佳评选，对学生进行角色分工，让学生在整个校内班级联赛中找到自己的位置和存在感。

3. 校内班级联赛改革原则

（1）要让尽量多的学生参与。

（2）要让比赛结果与所有人都有关系。

（3）要将校内班级联赛与足球课堂教学进行整合，让联赛成为学生展示课堂所学技战术的舞台。同时，让学生在比赛中发现自身技术的不足，再回到课堂上强化自己的足球技术，并将之延伸到课外。

4. 校内班级联赛的竞赛规则

比赛根据班级队伍的多少，采用单淘汰赛制或小组循环再淘汰的赛制，各班抽签选择对阵班级。

（1）计分方法。五人制比赛，每班四队同时比赛（半场后，五上五下，场上队员全部进行轮换，如男 1A 对男 2A、男 1B 对男 2B 、女 1A 对女 1A、女 1B 对女 2B）；四个队的总进球数和总失球数为两个班级比赛的最终比分，总进球数多者，名次列前。

（2）循环赛。比赛中有两队若积分相同，则看相互之间的胜负关系，若再相同，则看净胜球数；若再相同，则看总进球数；若再相同，则看总失球数；若再相同，则罚点球决出名次。

（3）淘汰赛。比赛中有两队若在规定的比赛时间内打成平局，不延长比赛时间，直接以罚点球的形式决出胜负。点球决胜时，各班选出三男三女，男女守门员各一人。若仍未决出胜负，则采用一加一点按照男—女—男—女顺序进行射门决胜，直至决出胜负为止。

5. 校内联赛的激励原则

为了让校内班级联赛更有吸引力，鼓励更多的学生参与，联赛设计了最佳球员、最佳射手、最佳守门员、最佳助理裁判、最佳主裁判、最佳小记者、最佳队徽创意等评选，对学生进行角色分工，让更多的学生了解足球、认识足球、热爱足球，更积极、主动地参与到校内班级联赛中。

6. 实践探索的成效

为了更清晰地了解学生的变化，在这种常赛模式开始前和结束后，对学生进行问卷调查。

学生对足球课兴趣的调查结果显示，很喜欢足球课的学生从常赛模式开始前的 48.60% 上升到常赛模式结束后的 76.80%，无所谓的学生从 11.20% 下降到 3.60%（见下页图）。

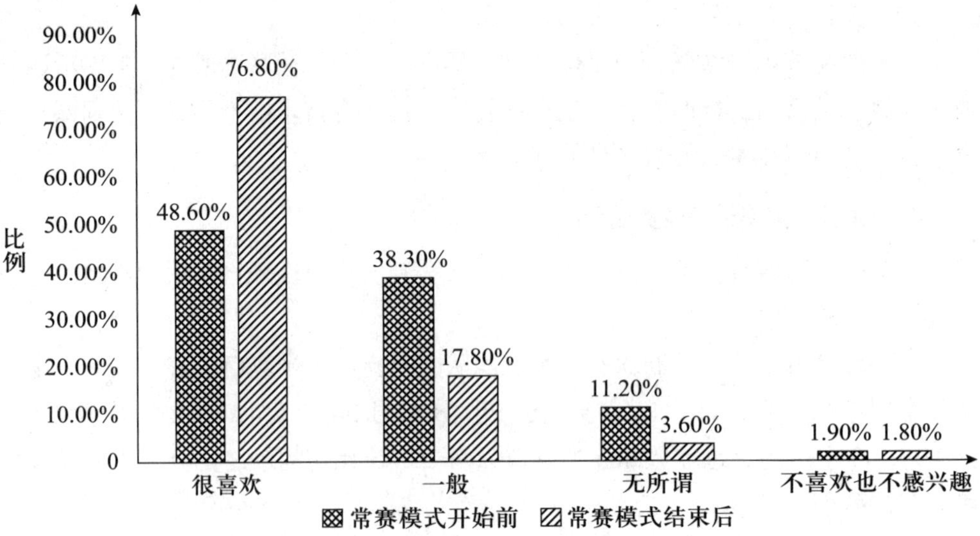

学生对足球课兴趣调查的反馈

学生参加足球活动动机的调查结果显示，学生参加比赛的意愿从常赛模式开始前的28.90%上升到常赛模式结束后的55.30%，出于课程安排不得不参加的学生比例从9.40%下降到5.40%，不喜欢足球运动也不参加的学生比例从2.80%降为0（见下图）。

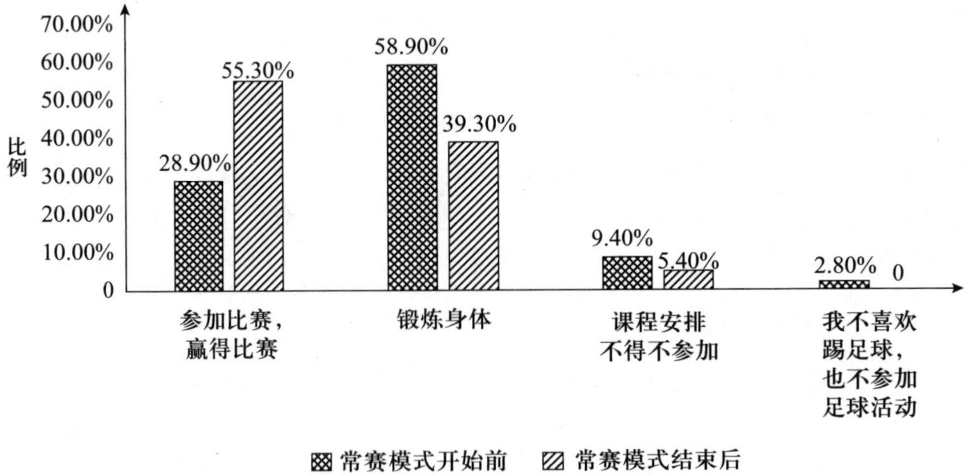

学生参加足球活动动机调查的反馈

当一个班级参加校内班级联赛的学生人数达到班级总人数的三分之二时，学生就会意识到，每一位同学的足球技术学习，都会关系到校内班级联赛的最终结果。当学生再次回到足球课堂时，他们对学习足球技术的积极性和主动性会发生重大改变，课堂教学效率会随之大幅提升。

◎评析　面向人人的常赛模式

本案例中，足球课堂教学课程设置和教学形式的改革，在时间和空间上均打破课堂内外的隔阂，提高了学生足球学习的效率。课堂教学与校内班级联赛的结合激发了学生的学习兴趣，利用学生的好胜心理和班级荣誉感将课上的教学延伸到课后自主学习，乃至形成终身体育的意识。

在足球比赛中，学生学会了团队合作，形成了竞争意识，培养了顽强拼搏、永不放弃的精神，学会了如何理性地对待比赛的输赢，进而逐步实现足球文化的传承与发展，实现“校园足球培育健全人格”的目标有了实实在在的路径。

学校配足、配齐体育器材，如教学用球、足球标志盘、分队对抗衫、小足球门等，这是满足改革探索的基本条件。教师在教学过程中，根据教学的需要将学生划分为多个学习小组，每个小组的器材种类和数量是一致的，因此，实行改革探索的学校，在体育器材的配备上必须满足课堂教学的要求。

29　技巧类封闭式专项运动技能如何在“学、练、赛”一体化教学中更好地落实“赛”?

《课标 2022》提出：

➡ 体育与健康课程依据学生的学习需求和兴趣爱好，面向全体学生，落实“教会、勤练、常赛”要求，注重“学、练、赛”一体化教学。坚持课内外有机结合，指导学生学会基本运动技能、体能和专项运动技能，提供更多时间让学生进行充分练习，巩固和运用所学运动知识与技能，参与形式多样的展示或比赛。

➡ 创设多种复杂的运动情境。根据学习目标、教学进度等引导学生在对抗练习、体育展示或比赛等真实、复杂的运动情境中获得丰富的运动体验和认知，提高技战术水平和体能水平，培养学生良好的体育精神、体育道德和体育品格。

理论阐释

《课标 2022》与《普通高中体育与健康课程标准（2017 年版）》总体思路一致，保证相互之间的有效衔接，《课标 2022》的突出变化之一是提出了新的课程理念。

《〈体育与健康〉教学改革指导纲要（试行）》多次提到“教会、勤练、常赛”理念，在总体要求的指导思想中明确提出：“强化‘教会、勤练、常赛’，构建科学、有效的体育与健康课程教学新模式”；在改革内容中指出：“通过深化体育教学改革，转变教学观念，全面把握‘教会、勤练、常赛’的内涵与要求，使其成为常态化、规范化、系统化的教学组织模式”；更新教学观念，“改变单一学习知识或某项技术的现状，从综合育人、培养体育核心素养的高度和体育课程一体化的思路，强化‘教会、勤练、常赛’过程与结果，有效促进体育教学改革目标的达成”；创新教学过程，“全面把握‘教会、勤练、常赛’一体化系统性教学思路与方式，实施更有效的教学，全面提高教学质量”。

“学、练、赛”一体化教学的理论基础已具备，在具体的教学实践中，“学”是基础，是从外部获取学习信息的过程，侧重体育知识、技能的获取，表现形式是教师通过直观教学、分解完整教学等方式进行的教学过程；“练”是主体，是通过练习次数、强度等适宜的运动负荷，将运动基本能力和运动技能转换为个人运动能力的过程，侧重合理的练习手段和方法，以及适宜的运动负荷，表现形式为学生通过探究、合作等学习方法及自练、合练等学练过程掌握运动技能，体现的是运动能力学习的过程；“赛”即是“用”，是运动能力在体育活动、展示、竞赛中的实际运用，是体育教学结果的呈现，是教学目标的达成，侧重比赛情境设置、运动技能在真实场景中的运用情况，以及学生在此活动中表现出来的体育品德，主要形式是学生展示、竞赛。“赛”同时又是对“学、练”学习过程的评价与反馈，发现问题再学习，通过练习再提高，实践运用再反馈，形成一个闭环（见下图）。结合体育学习具身性和健康教育实用性，强调从知识为本向学生发展为本转变，即从“以教定学”向“以学定教”转变，以目标引领课程内容和方法选择。

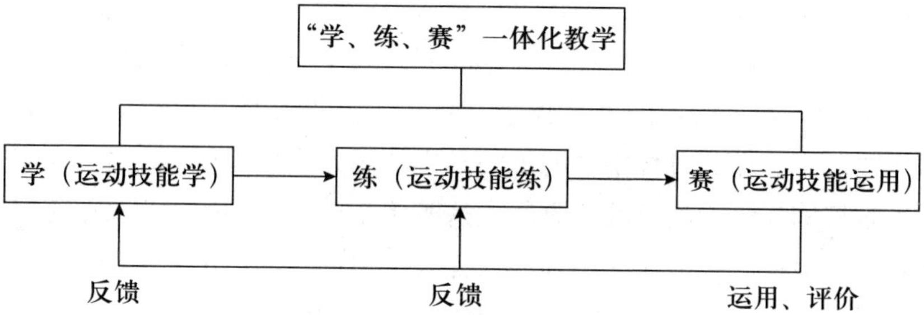

“学、练、赛”一体化教学结构

技巧类封闭式专项运动技能如何在“学、练、赛”一体化教学中更好地落实“赛”？这一问题的提出基于两方面的考量，一是体操项目是以评价动作完成质量、规范程度及运动技术动作的难美性，通过主观打分来进行比赛的运动项目，在课堂教学中实施“赛”，在评价标准、方法上有一定的模糊性；二是这类专项运动要开展“赛”，不像开放式运动技能如球类比赛那么容易。要解决问题就要先释疑，所谓封闭式和开放式运动技能的这种分类法，是由美国运动心理学家鲍尔顿于1957年提出的，封闭式运动技能就是指运动员在做动作之前，能事先决定下一个动作要怎么做，包括体操、跳水、游泳、举重、武术套路、田径等。在“学、练、赛”一体化教学中，并不是所有封闭式运动技能项目都不易开展教学比赛，如田径、游泳等成绩评定可以量化的运动项目就非常适宜开展竞赛；只有通过评分方式进行竞赛的运动项目，如体操、跳水、武术套路等有一定难度的运动项目就不易开展竞赛，当然也包括运动技术学习过程中的技术评定。下面我们就以技巧为例，探析如何在“学、练、赛”一体化教学中更好地落实“赛”。

《课标2022》规定，技巧项目的内容主要包括：技巧运动的基本知识与技能、技战术运用、专项体能与一般体能、展示与比赛、规则与裁判方法、观赏与评价等。《课标2022》在“赛”的内容要求和学业要求上，也有明确表述，如水平三技巧运动项目的内容要求“了解技巧运动中动作连贯性与稳定性的比赛规则与裁判方法”“了解与技巧运动有关的重要比赛，并能对这些比赛进行简要评价”，学业要求中也提出应能够积极思考，努力完成动作技术，表现出遵守规则、尊重与关爱同伴、与同伴紧密合作的行为，具有克服困难的主动意愿等。

技巧教学“赛”的主要方式为展示和比赛。在课堂教学组织形式和方法上，为提高效率，增加练习时间，不建议让每名学生逐个进行展示和比赛。教师应先讲解方法、要求，让学生了解评价的标准和方式、易出现的问题等。随后在小组中开展展示和比赛，同学间互相保护与帮助，开展互评，推举优胜者代表小组参加最后的比赛。在此过程中，展示的学生认真完成技巧动作，评价的学生仔细观察，了解规则和评价的标准与方法，这既是学习，又是改进自我运动技能的过程。教师可以通过此环节让学生开展探究式学习，培养学生发现问题、解决问题的能力。小组优胜者在全班进行展示和比赛，可由教师打分，也可由学生评价，或师生共同评价，通过榜样的示范激发学生学习的信心和热情。

总之，在体育教学中“赛”的开展意义重大。因此，教师应注重增加游戏与比赛等竞争要素，让学生在体育锻炼中享受竞争与表现的乐趣，实现从激发兴趣到形成志趣、享受乐趣的层层深入；发挥体育的“育体、育智、育心”综合育人的价值，通过全员参与的体育竞赛活动，培养学生的集体荣誉感，塑造学生活泼开朗、与人为善、团结协助、遵守规则等良好品格，促进学生身心健康与人格健全，促进学生核心素养的形成和发展。

案例解读

案例 4-6　水平二：技巧肩肘倒立教学过程

【活动目的】

（1）初步学习肩肘倒立的技术要点，知道肩肘倒立的动作顺序，学会帮助与保护的方法；90% 的学生在他人的帮助下能够完成技术动作，10% 的学生能够独立完成技术动作；发展身体协调性、对动作姿态的控制能力及核心力量和速度等体能。

（2）积极参与游戏和练习，提高对体操技巧运动的兴趣，在练习中体会运动的乐趣。

（3）通过技能练习及过程中的保护帮助，树立自信心，培养团结友爱的品质和合作精神。

【活动实施】

◎准备部分

教师引导学生绕垫子蛇形慢跑，垫上带领学生完成热身操和拉伸练习。

◎基本部分

（1）倒上体举腿。教师创设问题情境，引导学生学习垫上直腿坐，完成上体后倒举腿动作，学生反复练习体会。

（2）伸髋练习。教师引导学生在同组同学帮助下完成动作练习，学生体会动作用力顺序：手压垫—伸髋—收腹立腰—并腿伸脚尖。

（3）肩肘倒立。教师设疑，提出如怎样提高动作的稳定性、手放在什么位置等问题，引导学生学习技术动作，在他人的保护帮助下体会并完成动作。经过练习，90% 的学生能在他人的帮助下完成技术动作，10% 的学生能够独立完成技术动作。

（4）“顶天立地”教学比赛。学生按练习小组分成八组。

师：下面我们进行一个小比赛——“顶天立地”。同学们在他人的保护帮助下完成肩肘倒立，要求立得稳、立得直，收腹，腰腿发力，脚尖绷直向上，顶天立地，看谁能坚持 10 秒。同学们有没有信心完成？

生：有！

每组第一名的学生由同组另外两名学生保护帮助进行比赛。参加比赛的学生立住后，保护帮助的学生就松开手。教师数 10 个数，坚持住的学生获胜。

师：好，今天的比赛就到这里。本次比赛一共有五位同学坚持到了最后，对他们提出表扬，大家掌声鼓励！大家要向这五位同学学习！今天大部分同学在开始的时候不能独立完成肩肘倒立的技术动作，在他人的帮助下完成后，有些同学存在立不住或立的时间不长的问题，主要原因之一是同学们的躯干核心力量差，因此，大家要加强腰腹肌的力量。下面我们一起做腰腹肌的练习。

（5）课课练。学生进行腰腹肌练习、原地高抬腿跑练习等。

◎结束部分

（略。）

◎评析　集体展示，反馈教学

本案例充分体现了“学、练、赛”一体化教学的设计思路，教学过程环环相扣，层层递进。教师创设了“顶天立地”的运动情境，紧密地衔接了基本部分肩肘倒立技能教学内容，形象、生动地用了“顶天”对应技术动作立得直、绷脚背、脚尖向上伸；“立地”对应肩肘支撑稳的动作要求。通过教学比赛进行展示，激发学生的学练兴趣和热情，促进学生掌握运动技能，并在赛后小结环节点出学生存在的问题，自然导入体能练习内容。

本案例存在的问题及相关建议：

（1）课程内容中的比赛（展示）环节，在教学目标中没有相关表述；教师利用比赛对学生运动能力、健康行为、体育品德的目标达成没有体现；教师制订的教学目标低于实际教学效果。

（2）展示过程中教师只注意完成肩肘倒立的学生，忽略了需要保护帮助的学生。学会保护和帮助是教学目标的要求，也是教学的一项内容，对保护帮助中存在的问题进行及时的讲解和纠正也是必要的。

（3）展示结束后，教师对问题的总结虽然到位，但是泛泛的讲解不够直观，也不利于学生理解。建议增加一个环节，让较有代表性的某一组学生集体展示，教师先指出具有普遍性的问题，并提出观察要求，如注意观察这组同学完成肩肘倒立后10秒内的身体姿态，然后再结合完成得好与完成得差的学生的具体情况，来说明躯干核心力量的重要性及稳定支撑的要点等，这样会更直观、更有针对性，也有助于培养学生观察、分析与解决问题的能力。此环节不建议只找优秀学生代表进行展示，因为没有比较，学生缺乏对不能完成动作原因的直观感受；更不建议找完成得不好的学生来展示，这是出于对学生的爱护和尊重。

案例 4–7 水平四：技巧前滚翻接鱼跃前滚翻展示环节教学设计

本案例由辽宁省大连市第四中学赵凯老师提供。

教师在基本部分技能教学的最后环节，创设“鱼跃龙门”的运动情境，进行教学展示。

【场地布置】

八块场地，每块场地由纵向摆放的两块体操垫组成，中间连接部位摆放一块对折成三角形的小垫子，作为鱼跃前滚翻越过高度的障碍，保证动作完成时有一定的高度。

【展示组织】

学生分成八组，每组 6～7 人。每组再分成两个小组，一个小组的学生依次进行两次展示，另一个小组的学生用教师事先准备好的打分表进行打分。打分表设有前滚翻、连接技术、鱼跃前滚翻三个技术环节，标记有技术评定标准和分值。两个小组轮换展示和打分。

【展示过程】

（1）上节课课后教师将评分标准和评分表电子版发给学生，要求学生利用课余时间，结合课堂教学中的动作要领、规范要求进行学习。

（2）本节课中，学生既是运动员，又是裁判员。学生要高质量完成前滚翻和鱼跃前滚翻两个连接的组合技术动作，同时要学会评价，做到公正客观，体现体育精神。

（3）课后体育委员收集每位学生的打分表，进行统计和名次排定，下节课进行总结。

（4）学生练习过程中教师进行巡回指导，并录制部分学生的动作视频，课后依据视频进行打分评价。下次课与学生一起，通过视频回放的形式，结合学生的评价结果进行比较总结。

【活动小结】

根据观察，教师对学生技术动作的完成情况和学生打分的态度进行总结。

◎评析 "学、练、赛"一体化，助力技巧教学

在本案例中，教师通过学生个人展示的环节，不仅促进了学生运动技能的学习和掌握，还激发了学生的学习热情和竞争意识。教师还设计了学生评价环节，让学生参与比赛—评价的全过程，使其成为学习活动的主体。同时，教师将课内教学延展到课外，有助于学生掌握正确技术动作的要领。教师在评价过程中的仔细观察，也有助于发现学生的不足，引导学生改进自身的问题。教师设置主观打分评价环节，通过观察、思考、总结、评价等一系列过程，帮助学生提升认知能力，更好地培养了学生的规则意识、公正态度等体育品德。

本案例存在的问题及相关建议：

教师运用小垫子组成的障碍，能够提高学生技术动作完成的规格和质量，这是可取的。但如果能在鱼跃前滚翻着地的垫子一端，间隔不同距离适宜地画几条双手触地的标志线，就可以再增加一个难度，使鱼跃前滚翻完成得既有一定高度，又有一定远度，促进学生动作质量的完成再上一个台阶。同时，可以在打分评价环节，按照不同距离的触地线设置评分标准，这样更能形象地模拟比赛场景，促进"运动员"和"裁判员"双方能力的提高。

30　如何创设运动情境实施结构化知识与技能教学？

《课标2022》提出：

➡ 教师应根据学习目标，从有利于促进学生核心素养形成和发展的角度，认真分析、选择和设计教学内容，避免孤立、静态地进行单个动作技术、单个知识点的碎片化教学，注重采用结构化知识与技能教学，加强学生对所学运动项目的完整体验和理解，提高学生在真实活动或比赛情境中运用知识与技能分析问题、解决问题的能力。

理论阐释

创设真实、复杂的活动与比赛情境，引导学生学练结构化的体育与健康知识和技能，反映了《课标 2022》指导下的课程教学内容和方式的改革，对其内涵的理解，重要的是要明确“真实活动或比赛情境”“结构化知识与技能”等相关概念。

情境教学的显著特征是创设具有针对性的情境氛围来实施教学。情境教学概念由来已久，体育教学中也一直强调并贯穿实施。《课标 2022》要求引导学生进行结构化知识与技能的学习，这要求教师重新审视体育情境教学，即从问题导向出发，依据教学内容，结合不同学段学生的生理心理特点、知识储备和生活常识累积，创设相应的活动和比赛情境，通过情境教学，使学生学会并能够运用结构化的知识与技能，解决体育与健康教学的实践应用问题。

所谓结构化的知识与技能，指体育与健康的知识和技能具有层次性、关联性特征。层次性是指它们相互之间具有由简单到复杂、由易到难的递进关系；关联性是指各个知识和技能之间相互联系、相互促进。①

创设真实、复杂的活动与比赛情境，引导学生学练结构化的体育与健康知识和技能，其实质是改变以往注重单一知识点及技能、教什么学什么的灌输式教学模式，改变碎片化的课程内容体系；强调课程内容结合学生运动体验和生活经验，让学生进行多种技术技能学练，注重知识点或动作之间的有机联系，创设与之相适应的复杂的学习、活动和比赛情境，引导学生用结构化知识和技能解决实际问题，融入日常生活及行为习惯养成。

从过去单一技术动作学习的简单情境到创设复杂情境，满足学生学练结构化的知识与技能，需要教师发挥教学智慧，从学生日常活动和需求出发，在趣味性、适用性和实用性之间寻求契合点，以知识与技能的掌握和运用为抓手，在实践教学中不断探索和积累。合理的情境创设，能够激起学生的学习兴趣，有助于培养学生发现问题、分析问题和解决问题的能力，进而使学生将所学的综合知识和技能运用到真实的情境中。情境来源于生活，引导有赖于教师，教师通过设计不同的情境来组成结构化教学，可将日常活动中遇到的各种现象迁移到体育课堂

---

① 季浏．我国《普通高中体育与健康课程标准（2017 年版）》解读［J］．体育科学，2018，38（2）：3–20.

中。例如，在设计走、跑、跳、跨基本运动技能教学时，可以在运动场借助栏架、标志桶、小垫子等简易器材，创设“火线穿越障碍”的教学情境，使学生模拟小战士穿越不同障碍冲锋的各种动作，学习、体验走、跑、跳、跨等基本技能，最后过渡到串联跳、跑跳、跑跨等组合动作比赛。如此组合下来的跑、跳、跨不同动作形式的结构化教学既来源于生活，又摆脱了单一运动技能教学的枯燥，既贯穿“学、练、赛”一体化教学，又促进学生基本运动技能的发展，同时还能在不同场景的比赛中提升学生的体育品德。总之，在体育教学中，改变活动空间、方向、水平、场地器材等要素，设计生活化和游戏化的运动场景及组织结构化的组合技术动作学练，能够激发学生在情境中学练的热情，引导学生自由创新运动方式，培养学生在变化、复杂、真实的情境中对知识和技能的运用能力。

案例解读

案例 4–8　水平一：田径跑、跳、跨基本运动技能教学片段

◎环节1　原地跳跃

教师在跑道边布一条线，使之与跑道构成相距70厘米宽的两条直线，模拟一条小溪。

创设情境

小猫和小狗相约去草地玩耍，但是一条小溪拦住了它们的去路。请你想一想它们可以怎样过小溪。

学生认为可以跳过去。教师组织学生模仿小猫和小狗，跳过提前布设的“小溪”。学生以排头为基准，成体操队形散开，尝试练习。

教师观察学生练习，发现大部分学生的动作不对。于是进行正确示范，并强调动作要领：起跳之前两腿要弯曲，两臂摆至体后；起跳时两脚同时用力蹬地，手臂向前摆，跳过“小溪”；两脚着地后屈膝缓冲。之后，学生进行练习体验。

◎环节 2　助跑连接跳跃

教师去掉所布的线，借助 1 米宽的跑道进行练习。

创设情境

现在小溪变宽了，溪水中也没有露出水面的地方，原地跳不过去了。这下小猫和小狗怎么过小溪呢？

生：跑几步就能跳过去了！

师：你来试试，跑几步再跳，看能不能跳过更宽的“小溪”。

学生助跑后跳过小溪。

师：很好！大家都看到了，加上助跑可以跳得更远。下面我们就来体验一下。我们离“小溪”有 5 米远。从这里开始，跑步到“小溪”前，像小猫一样跳过去。我们先请一位同学做示范，大家仔细观察他的动作。

示范的学生没有跳过小溪，教师引导学生发现问题，学生认为这位同学起跳的时候是双脚跳，导致他没有跳过去。

师：同学们回答得非常准确！跑到“小溪”前，起跳时要一只脚起跳，动作要协调连贯。同学们散开，我们来练习跑步用单脚连接起跳，落地时一定要屈膝缓冲，注意安全。

◎评析　创设活动情境，引导基本运动技能学习

本案例是小学低年级的一节体育与健康课，教学任务是学练跳、跨、跑跳、跑跨等基本运动技能。教师依据该学段学生的认知特点和运动技能水平，以及其所具备的生活常识，以“小动物过小溪”这一主题创设运动与生活情境，通过小动物如何过宽窄不同的小溪进行问题导入，提高学生的学习兴趣，激发学生积极思考、踊跃练习。

在环节 1 中，教师结合生活常识，引导、启发学生模仿小动物，进行原地跳过、跨过“窄小溪”的体验，帮助学生学练原地双脚跳跃和单脚跨过障碍等基本运动技能；在环节 2 中，通过模仿小动物在奔跑中跳过“宽小溪”，提高难度，将跑与跳、跨结合起来，构成跑跳、跑跨等组合动作，让学生在学练过程中掌

握、提高跑跳和跑跨等基本运动技能。本案例教师在发展学生跑、跳、跨等基本运动能力的同时，注重技能之间的联系，通过组合练习，完成跑、跳、跨等不同动作形式的结构化技能教学。

案例 4–9 水平四：田径蹲踞式跳远教学片段

本案例由辽宁省大连市第四中学赵凯老师提供。

本案例是一节 7 年级的蹲踞式跳远课，教学任务是学练 6～8 步短距离助跑蹲踞式跳远完整技术，重点是助跑起跳的准确性。

◎环节 1 了解自我

练习要求

前后排对应两人一组，前排同学先试跳。要求每人选取适宜的距离做好助跑标记，6～8 步快速助跑，沙坑前任意地方起跳，完成跳远练习。同组同学观察起跳点并告知队友，然后两人交换，每人练习三次，确定一个相对稳定准确的步点，为后面的比赛做好准备。练习过程中要注意安全。

学生按要求分组配合练习。

师：集合！三次练习结束，同学们有什么问题吗？

生：为什么三次练习都是不同的起跳点，而且差别很大？

师：这个问题问得好！主要原因是每次助跑的节奏不一样，这样就会导致步点不稳定、不准确！同学们在后面的练习中要注意改进。

学生继续认真练习，达到以下两个目的：一是了解了自己短程跳远的能力水平；二是初步掌握了 6～8 步助跑的步点。

◎环节 2　超越自我

跳远比赛规则

起跳板宽度为 60 厘米，脚尖不超过起跳板前沿，在起跳区内起跳，从哪里起跳就从该地点脚尖位置丈量所跳的距离；脚尖过前沿则犯规没成绩；从起跳板后沿后面起跳的，按规则从起跳区前沿丈量所跳的距离。

生：老师，如果脚尖踩着后沿一点怎么算？

师：奖励你！按在起跳区起跳算！下面按学号顺序，每人跳两次，取最好成绩。

学生按规则自主练习并记录成绩。

◎评析　创设比赛情境，学练结构化的体育知识与技能

蹲踞式跳远是初中阶段田径模块的主要内容，它作为速度力量性跳跃项目，能有效发展学生的速度、弹跳、协调灵敏等素质，以及腾起后空中控制动作的能力，有助于培养学生勇敢果断、积极进取的体育品质。作为一种典型的封闭式运动技能，其相对单一的技术动作使学生在学习过程中容易感觉比较乏味，教师通过“学、练、赛”一体化教学，创设情境，以完整技术为主，不拘泥于动作细节，让学生体验成功的乐趣和项目自身的魅力，有效提高教学效果。

在环节 1 中，教师采用 6～8 步短程助跑来完成蹲踞式跳远完整技术的教学。较短的助跑距离可以让起跳点的变化区间尽可能小，从而使步点变得相对准确。教师没有限制起跳点，可以让学生尽情发挥，一方面学生可以把重心放在跑跳衔接环节上，另一方面使学生体验成功的乐趣。

环节 2 在环节 1 的基础上，为了提高起跳准确性而设置要求，增加了一定难度。教师设置一个较宽范围的起跳区域，创设较为复杂的运动与比赛情境，使学生体验到比赛的乐趣，但又不需要严格执行规则，这样既激起学生相互竞争、超越自我的竞技精神，又不失项目游离竞技之外的娱乐性，提高学生的学习兴趣和学习效果。本案例教师将知识、技能、能力、规则、竞技体育精神等融合在一起，而且关注它们之间相互的层次性、关联性，引导学生学练结构化、生活化的体育知识与技能。

31 如何有效布置体育课外作业?

《课标 2022》提出:

➡ 落实“教会、勤练、常赛”“学生每天校内锻炼 1 小时、校外锻炼 1 小时”的要求，加强课内教学与课外体育活动的有机结合，以及学校、家庭和社区体育的多元联动。

➡ 布置学生独立或合作完成、与家长共同完成的体育家庭作业，促进学生经常锻炼、刻苦学习，逐渐培养学生的体育锻炼习惯，缓解学生的学习压力，丰富学生的课余文化生活，促进学生更好地形成核心素养。

理论阐释

体育课外作业是指教师作为布置作业的主体，学生作为完成作业的主体，在非教学时段，为实现体育教学目标而进行的课外体育活动。

教师布置课外作业是各个学科普遍的现象，体育学科也不例外。由于出发点不同，体育课外作业的内容也会有所侧重。根据体育教学的需要，学生在课前或课后必须进行理论与技能的学习与练习。与其他课程相比，体育作业不只是一种课下行为，而是作为体育课的重要组成部分，是体育课在时间与空间上的延续，是教师根据学生的年龄、性别、健康状况、素质水平、兴趣爱好等实际情况，有目的、有计划地设计适合青少年学生在节假日或课余时间在家庭或社区进行的，以综合性的身体素质、趣味性的娱乐休闲、竞技性的游戏活动为主，以增进健康、增强体质、愉悦精神和提高素质水平为目的的一种身体练习内容，是完成教学任务的一种体育教学方法和手段，是体育课堂教学内容的延伸和扩展。

体育课外作业的分类见下页表。

课外体育作业类型

分类角度	具体类型
完成目的	巩固运动技能类、辅助素质训练类、提升运动成绩类、保障学生每天锻炼类、认知类
实效性	巩固类作业、达标类作业、自创类作业、理论类作业
完成方式和作业场合	独立完成型、合作型、户外型、探索型、口头型、书面型
内容的形式	知识类、技能类、素质类、创新类

体育课外作业可以巩固学生课堂学习的体育知识和运动技能，培养学生持续的体育兴趣和坚持锻炼身体的良好习惯，丰富学生的课余生活，使学生形成健康的生活方式；可以帮助教师了解学生的知识与技能掌握程度，进而合理安排教学工作进度；可以促进家长对孩子健康的关注，帮助家长掌握孩子的学习情况，配合教师共同促进孩子成长，这也是家校沟通合作的主要渠道之一；可以带动全民健身助力“健康中国 2030”战略目标的实现。

为了保证体育课外作业的有效性，教师必须重点考虑以下几个方面。

1. 作业内容设计的可操作性

体育作业的内容要考虑学生的可操作性，具体要求见下图。

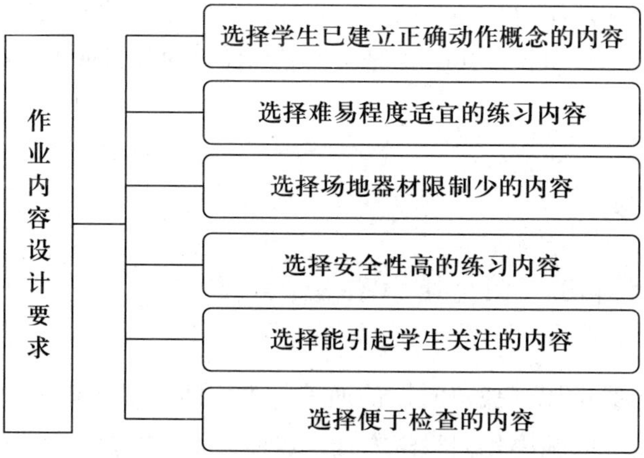

课外体育作业内容设计要求

2. 作业检查形式的可观察性

这是有效完成体育课外作业的重要保证。课外作业只有能够采取某些方式进行检查，才能验证是否被有效完成。体育课外作业检查方式见下表。

体育课外作业检查方式

作业类型	上交检查方式	内容案例
书面作业	纸质材料统一收取。	个人体育锻炼计划的制订、作业完成的具体情况和个人体验、个人探究式作业等。
视频作业	运用微信群、QQ群上传作业；也可以在规定的同一时间内，学生打开视频同时练习。	与课堂教学项目相关的练习、体能方面的练习、与大课间操相关的练习等。
现场操作作业	利用体育课堂时间，让学生以个人抽查、小组或集体的方式现场操作；也可以是专门规划的时间，以年级或全校形式举办比赛进行检查。	某一具体动作、成套动作、探究作业的现场汇报；年级球类相关比赛、全校广播体操比赛、全校班级体育特色展示赛等。

3. 作业督促主体的可联动性

这是有效完成课外体育作业的关键因素。对于青少年学生群体来说，适当督促他们完成体育课外作业是必要的，应充分调动体育教师、家长、班主任、学校等各方面的力量，联动起来共同督促，以提高体育课外作业的有效性。

案例解读

案例4-10　水平四：田径接力跑教学片段

本案例以“战争时期的通信”为主线，以7年级学生为教学对象，以游戏化和情境化为教学方法，以接力跑为主要内容，以小组合作、自主探究为主要的学习方法，创设“战争时期接力跑”等情境，以各小组组长为骨干，组织学生积极参与，大胆创新，激发学习兴趣，在自主体验的过程中通过课外作业的方式学会接力跑。

◎第一课时 成为一名合格的“通信兵”

创设情境

和平时代美好幸福的生活来之不易，是士兵们用鲜血换来的。战争时期，物质条件没有现在优越，士兵们传递信息没有手机和电话。那么他们以什么方式来联络、报告战况呢？

生：一个人将文件传递给另一个人，就这样传下去。

师：同学们愿不愿意成为一名“通信兵”，发扬他们不畏艰难的精神，通过接力跑的方式来传递战况呢？

生：愿意！

师：为了成为一名合格的“通信兵”，同学们可以通过“1+X”的方式给自己设立一个课下的小任务，即每人至少选择一个学习任务，当然也可以选择多个学习任务。

生：我想去观看接力跑比赛。

生：我想查阅一下接力跑相关的资料。

师：非常好，“通信兵”们可以把搜集的资料和感受记录在自己的“通信手册”（体育家庭作业手册）上，不懂的地方可以向家长、老师、同学求助。手册上必须有“长官”（家长）签字，为我们的行动做好准备。

◎第二课时 找到自己的“通信组织”

师：老师刚才检查了大家的“通信手册”，大家都完成得非常认真，足以成为一名合格的“通信兵”。这节课给大家培训传递信息接力跑的相关知识，为下节课“通信兵”递交战况做准备。

……

师：经过培训之后，大家都想充当接力跑过程中的哪一棒呢？

生：我想做第一棒的士兵……

生：我想做最后一棒的士兵……

师：看来“通信兵”都跃跃欲试了，老师按照家庭住址就近的原则将每四名

“通信兵”分为一组，每组选出一名小组长，小组长根据各组成员的实际情况，与组员共同协商本组的练习时间和次数，课下组织本组组员进行训练，并做好练习记录上交。大家在练习过程中遇到不懂的问题可以向家长、老师寻求帮助。下节课我们开始行动，看哪一组能又快又准确地成功递交战况。

◎第三课时 “通信兵”的传递之路

师：今天我们对“通信兵”的训练进行了检阅，你们表现得都很棒。大部分“通信兵”都能准确无误地成功递交战况，少部分“通信兵”可能由于紧张或者对接力跑知识的掌握不是很牢固，所以任务完成得不是很及时。老师要求同学们下课后在自己的手册上对本次行动进行总结，并且由家长检查签字。老师下节课检查之后，会将优秀的手册内容进行展示。大家一定要认真完成。

◎评析 接力课后 身心飞扬

本案例教师选择可操作性强的作业内容，通过创设情境的方法，让学生对接力跑项目产生浓厚的兴趣。在第一课时中，教师通过“1+X”的设计，在尊重学生个体差异性的基础上，让学生能者多劳。在此过程中，学生能够比较清楚地知道某些体育项目比赛的一些常识和比赛术语，能够基本看懂某些体育比赛的过程与胜负，能够主动地结合某些体育项目进行身体素质练习。教师让学生每人准备一本“通信手册”，随时随地将自己的所思所想所学记录下来，在完成之后需要家长对作业进行签字，达到了便于检查和家校联合监督的效果，也方便家长及时了解学生的情况并及时与老师进行沟通。

将体育知识的学习延伸至课外，最重要的是学生如何坚持下来。在第二课时中，教师将学生进行分组，学生形成合力，有效地将体育运动进行到底。在给学生分组时，按照邻近原则将学生重新组合，在学生自主选择的基础上由教师进行有针对性的“微调”。把不同体质、性别的学生分在一组，有利于他们相互帮助、优势互补，提高练习的积极性、自觉性、主动性。教师同时对体育骨干进行合理分工，担任各组的“龙头”，让他们作为完成体育作业的组长，协同老师联合督促组员完成作业。在这个过程中，教师要保持通信渠道畅通，有疑问的学生可以随时寻求老师的帮助。在体育教师和体育骨干的督促带领下，使每一组的学生都能更加出色地完成接力跑的训练。与此同时，教师可以在体育课上适时地采用一些组间对抗赛的方式，激发学生更大的热情，保证学生有效地完成作业。

在第三课时中，教师布置作业，让学生进行自我总结，并跟进说明将对完成得优秀的作业进行集体展示，通过评价的形式实现可持续发展。对体育作业的评价要关注评价方式的开放、自主和评价内容的多元，注重对知识和能力的形成过程及学生整体表现的评价。

体育作业的展示可以采用班级内部展示和校园开放展示的方式。

（1）班级内部展示。学生完成作业后，由班主任协同体育教师在各自的班级中开展体育作业的展示，可以是实物的展示，也可以是体育运动技能技巧的展示。

（2）校园开放展示。如果作业形式是实物型，可以选择各班中比较优秀的体育作业，以年级为单位进行统一地点的现场展示；如果作业的形式是体育运动技能技巧类，则可以选择各班优秀的学生集中进行展示、汇演或比赛。

32 如何引导学生在合作中进行探究学习？

《课标 2022》提出：

➡ 采用多样化的教学方式方法。在教学中，要将教师示范讲解与学生自主学练、合作学练和探究学练有机结合，将集体学练、分组学练和个体学练相结合，引导学生积极思考，主动探索，自觉实践，培养学生分析问题和解决问题的能力及创新意识。

理论阐释

探究学习强调提出问题、分析问题、解决问题的过程，合作学习强调小组分工合作完成学习任务。在合作中进行探究学习则是二者的融合，既注重小组合作的形式，又注重探究的过程。这是一种更深层次的学习，有利于转变学生的学习方式，培养学生主动提出问题、分析问题、解决问题的能力；有利于实现学生的主体地位，帮助学生学会体育与健康知识；有利于提高学生的社会适应能力，使学生学会合作；有利于给学生创造更大的自主空间，培养学生的创新思维和创新能力；有利于调动学生的体育学习热情，挖掘学生学习潜力，使学生进行准确的自我定位。

如何引领学生在合作中进行探究学习呢？探究决定了学习过程的结构，合作确定了学习过程的组织形式。教师应在此认识的基础上，进行合作探究的路径设计。

1. 学生分组

教师可综合考虑学生运动技术学习基础、身体素质、体育学习兴趣、体育学习能力等因素，将学生进行分组，强调异质分组。分组原则是组内异质，组间同质，分组的理想结果是各组实力大致均等。通过这样的分组方式，达到组内优劣互补，共同完成学习任务；组间势均力敌，构成竞争的基础。

2. 确定组长和小组目标

当一个新的学习小组形成时，可以通过教师指定、学生自荐、小组推举等方式确定小组组长。小组在组长带领下，确定小组目标，组员围绕目标，形成向心力，共同解决问题。

3. 明确探究主题

学习小组是为了共同探究、合作完成任务而组建的，所以各小组成立后要明确探究主题。探究主题确定的时间段可以是课前、课中、课后；确定的形式可以是教师统一指定、教师指定中自选、学生根据兴趣自选等。另外，还要注意学生解决问题的能力是否能够达到解决探究主题问题的水平。

4. 共同分析问题，责任分工

小组成员共同参与分析问题，有利于学生树立责任意识，发挥成员各自优势作用，集思广益，群策群力，提出相对完善的解决问题方案。

5. 合作讨论、验证解决问题的方案

面对问题，教师引导学生讨论解决方案并在实践中验证，进而得出结论或不断修正，是合作探究学习过程中的核心部分，这能够考察和提升学生解决问题的

能力和合作能力。在此阶段，教师要贯彻非指导性教学思想，给学生提供适当帮助，主要发挥促进者的作用。

6. 评价

评价阶段包括小组成果展示和评价两个方面。其中小组成果展示是设计的重要环节，该环节如果组织不利，会直接影响后续合作探究教学活动的开展，损害体育教师威信，甚至影响学生学习体育的兴趣。因此，在评价阶段，教师要采用恰当的方式，调动各小组积极汇报学习成果，给学生创造展示的时间和空间，激发学生合作探究的意识和积极性。同时，要有教师点评环节，通过评价给学生积极的正向引导，达成教学目标。

案例解读

案例 4–11 水平四：篮球投篮教学片段

本案例以对抗上篮为教学内容，以小组合作、自主探究为主要的学习方法，以各小组长为骨干，组织学生积极参与，大胆创新，激发学习兴趣，在自主体验的过程中掌握对抗上篮技术。

◎环节 1 展示运动风采，激发学习动力

（1）教师播放篮球比赛中精彩对抗上篮环节集锦的视频，必要时暂停视频，讲解技术动作，带领学生观摩，与学生交流疑惑。

（2）教师讲解动作原理及本节课的教学目标。学生认真领会，对本节课内容有初步了解。

（3）教师将学生按不同标准，如身高、体重、身体素质等进行异质分组，讲授对抗上篮中的动作要领和注意事项，并布置练习任务，明确各小组组长和小组目标。

（4）学生根据要求，组内进行徒手模仿练习，小组成员互相检查纠正，合作学习。练习结束后，学生结合练习中遇到的问题提问，教师针对问题进行解答。之后各组组长组织成员再次进行练习，体会技术动作。

◎环节 2 学生探究阶段，教师指导纠错

（1）老师出示挂图，引导学生进行有球练习。学生观摩学习，组内讨论动作要点，并进行模仿练习。

（2）教师组织各小组练习对抗上篮的动作要领，并根据学生练习情况进行总结，强调重难点。

（3）各组组长组织成员再次进行练习，注意动作完成的流畅性。

（4）教师根据各小组学生实际情况，设计不同的练习手段。

练习手段

（1）防守队员跟进无干扰，进行上篮，距离篮筐 3～5 米。

（2）防守队员跟进无干扰，进行上篮，距离篮筐 6～8 米。

（3）防守队员跟进手抬起，对抗上篮，距离篮筐 3～5 米。

（4）两人一攻一防进行对抗上篮（针对完成度相对较高的学生）。

各组组长和组员按照本组实际情况自行选择练习手段。学生自主体验尝试如何能在对抗情况下上篮成功，教师做好安全提醒。

（5）学生组内分析讨论并验证解决问题的方案，相互学习，交流心得，共同实现学习目标。

（6）教师组织学生进行组内比赛及组间比赛。每组组内的优胜者代表本组参与组间比赛，组内其他成员当辅助成员，给本组代表出谋划策。组间比赛优胜者可在班内决出优胜小组，其成果由组内成员共享。

（7）教师宣布“谁是冠军”比赛方法及规则，组织学生进行一分钟对抗上篮比赛。学生先观摩“谁是冠军”示范，并在教师的指导下发球，比赛正式进行。教师宣布获胜小组。获胜小组分享成果和经验。

◎环节 3 鼓励学生合作，培养创新实践

（1）教师采用多媒体形式播放哈林街头篮球上篮动作，讲解“花样上篮”的游戏规则。学生通过组间讨论，领会篮球游戏的不同玩法。

（2）教师再次进行篮球游戏的说明，组织学生开始游戏。学生分组进行游戏

比赛，发挥想象力尽情展示篮球技能，完成游戏环节。

（3）教师根据学生的展示情况进行评分，并鼓励小组间的合作，对优胜小组给予肯定。预告下次比赛小课题，让学生课下探究。

◎评析 合作无间，快乐无限

本案例将篮球的魅力通过学生合作探究的方式展示出来。教师通过分组，组内成员进行合作探究学习，使学生掌握对抗上篮的技术方法，给学生充足的思考和尝试的空间。学生在团队合作中共同掌握对抗上篮的技能，争取比赛的胜利，从而体验运动的乐趣。此设计增强了学生的参与感和游戏体验感，使学生懂得如何与他人合作，达到了合作探究学习的目的。

1. 展示运动风采，激发学习动力

篮球运动对于中学生来讲，整体技术要求相对规范。教师单纯讲解技术动作的形式不易激发学生的学习动力，通过视频的形式对学生进行讲解，可激发学生的兴趣。新颖的教学方式在抓住学生注意力的同时，还强调合作的重要意义。学生对着视频和提示进行个人自主练习和合作练习，在练习过程中，小组间可进行学习讨论，探究动作要领，从而提高课堂的效率。教师通过分组，培养学生的合作意识，让学生学会和谐相处，通过合作达到共赢。

2. 学生探究阶段，教师指导纠错

教师根据不同学生的基础和技术掌握情况设计不同的练习，让学生合作探究学习，使每名学生都能体验运动的乐趣。本案例教师采用组内、组间比赛的方式，激励学生积极探索篮球运动技巧，调动学生学习的欲望。练习过程中，教师根据学生的不同情况，设置不同层次的练习手段，让学生在合作探究中巩固对抗上篮运动技能，在合作中成就小团队也成就自己，让每个学生参与、体验运动合作的乐趣，增强学生的团队意识，开拓思维，共同解决学习中的问题。

3. 鼓励学生合作，培养创新实践

合理优化学习，充分发挥学生潜能。教师带领学生观看街头篮球的视频，在轻松、愉快的氛围中使学生进一步感受篮球的魅力，这看似是一种娱乐行为，实际上是对上篮技术要领的强化，有助于巩固上篮技术动作。此环节的设计是为了让学生达到目标而不断坚持，强化学生学习的意志品质。教师引导学生自由

练习，发挥学生的想象力，在进行探究合作的同时培养学生的创新能力和实践能力。

33　如何通过游戏化运动项目发展小学生的基本运动技能？

《课标 2022》提出：

➡ 在 1～2 年级，重点通过体育游戏发展学生的基本运动技能，让学生在玩中学、玩中练，激发学生的运动兴趣。

➡ 创设生动形象的情境开展游戏化教学，引导学生模仿教师动作或跟随语言提示做动作，通过扮演某种角色或对象进行学练，如模仿熊、兔子等动物的移动方向或飞机、火车等交通工具的通行方式，提高柔韧性、灵敏性、平衡能力等。

➡ 重视组织学生进行身体双侧协调练习，如左右手交替运球、左右脚交换跳、不同方向的追逐与躲闪游戏等，促进学生大脑均衡发展，提高学生的反应能力、身体控制能力和协调能力。

理论阐释

游戏化运动项目是将运动项目技能以游戏化的形式呈现出来，更直观地引导学生进入学习状态，感悟体育基本知识，发展基本运动技能。其内涵就是将运动项目技能游戏化、简单化、规则化，让基本动作技能简单易学，具有鲜明的趣味性、竞争性、娱乐性和灵活性。游戏化运动项目教学形式多样、有趣，教学以学生为主体，以运动项目为主要内容，以游戏、竞赛为主要教学方式，以解决问题为根本，以人人参与、全面发展为主要目的，有助于调动学生的学习积极性和主动性，有助于学生高效地掌握基本运动技能。

如何适时、适宜、适度地通过游戏化运动项目发展学生的基本运动技能?

1. 游戏化运动项目与生活实际相结合，培养学生的创新力

小学生直观模仿能力较强，喜欢观察、模仿一些基本的动作。教师在课堂上可以通过生活化的游戏式教学，让学生更快、更准确地理解动作技能。教学过程中不必对运动项目某一个基本运动技能进行细致的讲解，可以让学生进行“改装”和“组装”，培养他们的创新能力。“改装”和“组装”动作可以与生活实际相结合，通过联想、启发、诱导等方法，以游戏化的教学方式让学生去尝试、模仿、体验。学生在反复尝试体验中，以想象取代教师抽象的讲解，以反复模仿取代教师泛泛的指导。在整个体会过程中，学生不仅能增加练习次数和练习密度，更重要的是能不用教师“教”就在潜移默化中学会这一运动项目中的基本运动技能，达到“此处无声胜有声”的教学效果。

2. 游戏化运动项目与竞赛相结合，培养学生的意志力

爱玩、争强好胜、愿意展示是小学生的天性，教师可以借助这些特性，将运动项目创编成游戏竞赛，将竞赛规则作为基本运动技能要领，将竞赛注意事项作为对基本运动技能的进一步规范和强调，通过二人赛、多人赛、挑战赛、争先赛等形式，逐渐发展学生的基本运动技能，让学生学会灵活运用。在整个竞赛过程中，还可以根据学生对基本运动技能的掌握情况，适时、适度地调整竞赛规则和竞赛形式等，这样既能够调动学生的主动性、积极性，又能尽显学生主体地位，让原本枯燥、重复的练习变得充满趣味性、灵活性、竞争性，使学生在轻松、愉快的学习氛围中掌握该项目的运动技能技巧，在竞技比赛中培养意志力。

3. 游戏化运动项目与情境教学相结合，培养学生的想象力

在教学活动中，为营造良好的学习氛围，应创设适切的教学情境，使学生身临其境，感受潜移默化的影响，得到积极愉快的体验。教学情境的创设既能促进学生对体育学习形成积极的情感，又能使动作技能得到内化和迁移。在小学体育教学过程中，教师应当以《课标 2022》为基础，结合学生的兴趣、爱好，创建游戏化学习情境，将动作技术有机穿插到课前设计好的教学情境中。学生随着教学情境的变化，在教师的引导和提示下，通过想象、体验和不断模仿，逐渐完成每个动作技术，这样课堂效率也会得到提升。

案例解读

案例 4-12 水平二：田径障碍跑教学片段

本案例以“红军长征”为主线，以游戏化教学为主要教学方法，以障碍跑为主要教学内容，以小组合作、自主探究为主要学习方法，创设“爬雪山、过草地”等教学情境，引导学生在尝试、体验的过程中获得乐趣，在“玩”中学会“障碍跑”。

◎环节 1 “小红军”入伍：体验“营区”生活

师：2021 年是红军长征胜利 85 周年。今天我们的美好生活，是红军用鲜血换来的，希望大家好好珍惜现在的生活，将来像红军一样，保家卫国。下面我们进行队列训练。（播放背景音乐《红军闪闪放光彩》。）

学生分成 8 个“战斗班”，在“班长”的组织下进行队列训练和汇报表演。

师：想打胜仗，必须拥有过硬的本领。下面“小红军”们一起来做“穿树林”游戏，掌握穿过障碍的技巧。

教师出示“穿树林”游戏场地示意图，并讲解游戏规则。学生进行“穿树林”游戏和比赛。

教师参与全程，并对学生进行指导，给予激励和评价。

◎环节 2 “小红军”练本领：演练突破重围技巧，体会动作技术

教师吹响集合军号，鼓励“小红军”在背景音乐中分享长征故事。

师：今天，我们也一起体验一次“长征”。

学生观察教师的示范，领会“爬雪山”“过草地”“巧渡金沙江”“飞夺泸定桥”的动作技巧，原地体验模仿练习。

教师讲解练习的要求，组织“班长”带领“小红军”进行场地器材的布置（见下页图）。

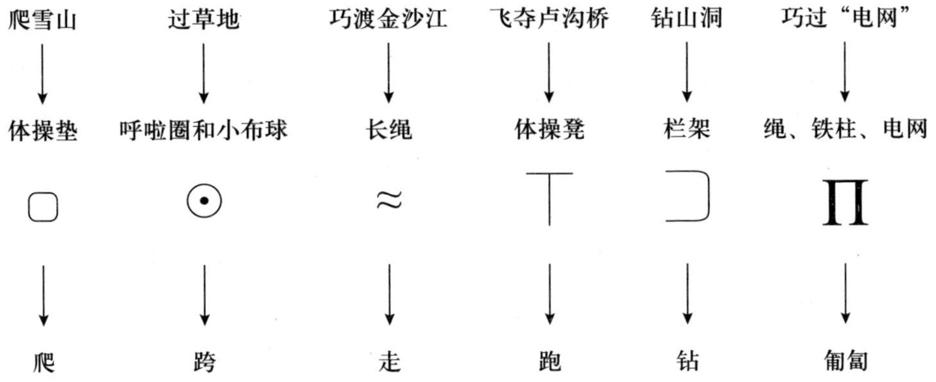

场地器材摆放与模拟情境过障碍示意图

各“战斗班”按照分工摆设器材，进行练习，总结技巧。“小红军”进行分班轮换练习，进行班内和班间展示。教师巡回指导、纠正。

◎环节 3 “小红军”执行任务：穿越“封锁线”，巩固运用动作技术

师：现在我们需要穿过敌人的“封锁线”，为最后胜利会师奠定基础。

教师讲解练习要求，组织各“战斗班”模拟场景布置场地和器材，调控各“战斗班”进行游戏和比赛。

“小红军”将器材进行多种组合，重新布置场地。各“战斗班”进行穿越“封锁线”综合游戏和比赛。教师调控游戏和比赛，并进行提示和评价。

◎环节 4 “小红军”胜利会师：完成任务，放松自我

师：我们穿越了敌人的封锁，胜利会师。让我们在《歌唱祖国》的背景音乐声中唱起来跳起来，庆祝来之不易的胜利吧！

师生载歌载舞，挥舞五星红旗。

师：希望大家回去把自己的感受记录下来，把所学的技术展示给家人。

◎评析 运动技能的游戏情境化

2021 年是红军长征胜利 85 周年以及建党 100 周年，该案例将障碍跑和追寻红色印记的长征结合起来，创设丰富多样的教学情境，聚焦核心素养，不断提升学生的学习欲望，促进学生积极参与运动技能的学习，有效提高课堂容量和效率。

1. 创设游戏情境，激发学习欲望

教师为激发学生的内在学习需要，挖掘教材的深度，精心设计“长征”教学情境，把学生引入到军营这一环境中，让学生身临其境，自然生发学习需求，将所学技能运用到实践中，有效解决实际问题。通过“穿树林”“练本领”“穿越封锁线”“胜利会师”等多形式、多层级的练习，引发学生产生情境想象，勾画长征场面，激发学生的学习兴趣。学生在游戏情境中积极体验、模仿、想象，逐渐掌握障碍跑动作技能，发展综合身体素质，培养吃苦耐劳、勇敢顽强的优良品质。

2. 营造教学场景，促进技能迁移

营造教学场景，创建游戏化学习情境，不仅能提高学生的学习热情，而且还能促进学生基本运动技能的迁移，将复杂的动作技能简单化。在整个游戏化学习过程中，学生在教师的引导、提示下，通过想象、体验和不断模仿，综合运用各种感知器官去感知所学内容，建立完整的动作表象，掌握运动技能概念，最后把知识变为身体活动，并能按照动作技能形成规律，掌握、理解、运用各种基本运动技能。本案例中，教师将所要传授的动作技术有机穿插到教学情境中，学生在教师的引导下，随着教学情境的变化，不断体会各种动作技术，在和同伴的交流、合作、探究中，逐渐掌握、理解、运用基本运动技能。

创设教学情境是一种教学策略，不是教学目的，教师要“以学定教”，为学生的技能学习提供认知停靠点，为学生更流畅、更充实地获得技能铺好路。

案例 4–13　水平二：田径投掷教学片段

本案例改编自辽宁省大连市沙河口区黑石礁小学蒋美杰老师“投掷垒球”教学案例。

师：同学们，请拿出叠好的纸炮，我们一起玩纸炮，看看谁的纸炮甩得响。

学生跃跃欲试，争着和老师比玩纸炮。

师：为什么你们的纸炮没有老师的甩得响呀？

生：老师比我们年龄大，比我们有力气；我们的手臂抬得比较低，甩得不够用力……

师：你们看过开炮吗？我们比一比朝天开炮，看看谁的炮更响。

学生在教师的引导、提示下，自主体验朝天开炮。教师指导个别学生抬高手

臂，用力挥臂。学生在教师的指导下，逐渐掌握了朝天开炮的技巧。

师：你们想成为优秀的飞行员吗？今天，老师就让你们实现这个梦想。

学生在教师的示范、提示、引导下，按照演示步骤折纸飞机。

师：现在先试飞一下，看看你们的飞机质量怎么样。

教师给各小组划分空域进行练习，学生对着图解和口诀“持机后引，肩上屈肘，用力挥臂”，自主尝试投掷纸飞机飞行，然后集体比试。

教师拉一定高度的绳子，模拟成一座山，学生自主体验投掷，尝试使纸飞机越过这座“山”。

师：同学们，要想使飞机越过这座“山”，应该怎么做呀？

生：朝上扔、跑起来、用力挥臂……

师：记住“持机后引，肩上屈肘，用力挥臂”，一边说，一边做，看看飞机能不能飞起来？

学生边说口诀边尝试体验，逐渐掌握投掷纸飞机飞得远的技巧。

◎评析　运动技能的游戏生活化

本案例以游戏化教学为主要教学方法，以“投掷”为主要教学内容，以自主体验、合作探究为主要学习方法，创设“玩纸炮”“朝天开炮”等生活化游戏，逐步突破教材的重难点，让学生在玩中学会运动技能。

小学生对于投掷这项基本运动技能具有一定的生活经验和基础，将学生的生活经验与理性的技术教学结合起来，能让运动技能更简单、更直观、更生活化。本案例从学生生活实际出发，以问题为导向，让学生体会运动项目与生活的密切相连。教师创设模拟飞机起飞、玩纸炮、朝天开炮等游戏，培养学生的想象意识，让学生逐步体会肩上屈肘、快速挥臂的动作；对着图解和口诀，试着投掷纸飞机，让学生反复感悟出手角度也是投得远的另一个重要因素。学生用身体去体验，用心灵去感悟，自然就学会肩上屈肘的快速挥臂动作和出手角度技术等，并能把整个投掷技术完整“组装”起来。

教师要尽量创设与学生生活密切相关、生动有趣的情境，以引发学生的思考和学习热情。教学中应充分发挥学生的聪明才智，让体验学习过程成为学生分析、解决问题的过程，成为学生积累体育活动经验的过程。

34　如何在体育课堂中渗透补偿性体能练习？

《课标2022》提出：

➡ 体能学练主要针对改善身体成分，发展心肺耐力、肌肉力量、肌肉耐力、柔韧性、反应能力、位移速度、协调性、灵敏性、爆发力、平衡能力等，为学生增进体质健康和学练专项运动技能奠定良好基础。

➡ 关注体能的关联性与完整性，引导学生参与结构化、整合性的体能学练，如让学生参与发展心肺耐力的情境式负重校园定向运动的同时，加入发展肌肉力量、肌肉耐力、位移速度、灵敏性和协调性等体能的钻过、跨过、跳过、绕过、翻越障碍、卧倒、匍匐前进、模拟投弹等练习，促进学生体能全面协调发展，培养学生解决问题的综合能力。

理论阐释

体能是通过力量、速度、耐力、协调、柔韧、灵敏等运动素质表现出来的人体基本的运动能力，它是运动能力的重要构成因素。体能水平的高低与人体的形态学特征及人体的机能特征有着密切的关系。补偿性体能是指在体育课教学中，为保障学生正确掌握运动技术，教师有效设计出的有利于促进学生顺利完成动作、与动作技能和健康相关的体能。补偿性体能发展有机融合于技能学习过程，对动作技能学练价值具有补偿和延伸意义，对动作技能掌握起辅助和促进作用，对学生体质健康发展具有引领和变革意义。

补偿性体能教学是以技术动作为基础，为了保障学生更顺利、快捷、高效地掌握动作技术而设计的教学行为。[①] 教师应根据补偿性体能项目的特点，基于课堂教学内容，分析、梳理、整合适用于本课的补偿性体验练习方法，合理营造练习环境，采用生动有趣、丰富多样的内容与方式进行体能教学，如采用音乐和韵

① 胡建刚．补偿性体能教学的价值及其在体育课堂教学应用［J］．青少年体育，2016（7）：67–68．

律活动，新颖有趣的结对互助练习和教学比赛，富有趣味性的游戏等，避免单调、枯燥的练习方式，引导学生开展良性竞争，激发学生的体能练习兴趣。[①]

《课标 2022》根据课程目标的四个水平，设计相应的课程内容。针对水平一目标，专门设置基本运动技能的课程内容，为体能和专项运动技能学练奠定基础；针对水平二、水平三、水平四目标，分别设置体能和专项运动技能的课程内容。因此，基于学生身体活动能力及体能、运动技能和健康教育的完整课程内容，结合义务教育阶段学生的身心发展特点与教学实际情况，体育教师在选择不同学段的课程教学内容时，应从六大运动技能系列中至少各选择一个运动项目进行教学。此外，“六三学制”和“五四学制”均可按照上述建议安排课程内容，只要能达成相应学段的课程目标即可。

1. 课堂中渗透补偿性体能的类型

根据体育与健康课程教学目标和教学需要，补偿性体能素质练习一般可分为提前性安排、辅助性安排、多样性安排三种类型。提前性安排是针对将要学习的内容对体能素质的要求，提前安排有关的补偿性体能素质练习；辅助性安排主要用于新授教材或改进技术的时候，是为主教材教学服务的；多样性安排主要是为了增加课堂形式的多样性，有些教材运动密度大、运动强度低，教师在教学时需要安排一组补偿性体能素质，以避免课堂过于枯燥。[②] 补偿性体能素质练习可安排在课堂的准备环节，如适当做一些全身及四肢活动，也可安排在课堂的后半部分，还可以穿插交替进行，但一般不宜占用过多时间，40 分钟的课堂一般占 6～8 分钟。

2. 课堂中渗透补偿性体能的方式

（1）拉网补偿。拉网就是把学生零碎、无序的课间或课后的活动时间“编织”起来，进行有目的、有意义、有方向的体能素质的补偿练习，达到提升学生身体技能的目的。

（2）适时补偿。在不同的教学环节中合理地介入补偿性体能练习，为课堂教学增添新意。要注意不同的教学内容应匹配不同的补偿性体能，以教学内容为出

① 张显．补偿性体能的特征、功能与应用［J］．中学课程资源，2021，17（3）：29–31，33.

② 濮梅．运用多样化策略开展补偿性体能素质练习的实践探索［J］．青少年体育，2019（9）：58–59.

发点设置补偿性体能练习，能使学生更快、更准确地掌握本节课需要掌握的运动技能，使学生克服畏难心理，培养学生对体育的兴趣。

（3）强化补偿。在体育课堂教学过程中，教师可依据学生的特点开展强化补偿性体能练习。例如，在主要教材的教学中，若学生的基本动作掌握不理想，那么在进行补偿性体能练习时就可以有针对性地对主要教材的动作进行重复、扩展练习，使补偿性体能练习直接指向学生技能的发展，并能隐性地增强学生的体能。

案例解读

案例 4–14　水平一：技巧前滚翻教学片段

本案例由辽宁省大连市甘井子区实验小学高芩翰老师提供。

【活动目的】

提高学生主动参与练习的兴趣，同时配合补偿性体能练习缓解学生的注意力疲劳，发展学生体能。

【活动时间】

一周3～4次，每次35～40分钟。

【活动实施】

◎环节1　"小刺猬"快藏好：情景导入，激发学习兴趣

师：个子虽不大，背了一身刺，见敌缩成团，老虎没办法。同学们，你们猜到这个谜语的谜底是什么了吗？

生：猜到了。

学生在体操垫上顺势模仿"小刺猬"抱团姿势。

创设情境

小刺猬在丛林中自由地跑跳玩耍。这时候老虎出现了，小刺猬迅速团身抱紧；当老虎走后，小刺猬又可以继续玩耍了。

教师化身“老虎”参与游戏，同时巡回指导，对学生做出的错误动作给予及时纠正，之后请动作规范的学生上前示范练习。

师：如果想要穿越丛林时不被敌人发现，就要像小刺猬一样，缩成一团，滚动起来。下面我们一起来做“穿越丛林”的游戏，希望大家遵守游戏规则，讲诚信，学会前滚翻的动作技巧。

学生分成四个小组，每个小组排成一排，进行“穿越丛林”的游戏和比赛。教师全程指导、调控，并对学生进行激励和评价。

游戏场地布置为每个体操垫前后左右各间隔 2 米，学生按体操队形排列。“小刺猬”要横向穿越场地体操垫，当“老虎”出现时，“小刺猬”第一时间在体操垫上进行前后抱膝滚动，在每个体操垫上前后滚动不少于三次。在老师规定的时间内穿越场地次数最多的前 10 名学生为获胜者。

◎环节 2 “小刺猬”练本领：演练打滚技巧，渗透体能练习

教师利用“小刺猬”打滚的游戏，讲解团身滚动动作技巧，示范前滚翻动作要领，如保持平衡、稳稳站立等。学生自主练习，自由发挥，尝试性地做团身滚动动作。

师：你们做得太棒啦！希望你们在稍后的练习中学会小刺猬的本领。下面让我们一起体验一次“穿越丛林”。

教师讲解各环节动作要领、技巧以及注意事项等，并进行重点示范，强调易犯错误。学生观察教师的示范，领会“一蹲、二撑、三低头，蹬腿滚动像皮球”的动作技巧，原地体验模仿练习（无器材）。

教师讲解前滚翻动作的要求，组织学生“钻山洞”。学生相对站立，双手交叉，搭成“山洞”形状，其他学生模仿小刺猬“钻山洞”。

◎环节 3 “小刺猬”执行任务：穿越丛林，再次渗透体能练习

教师以体操垫的不同摆放形式（平铺、对折呈三角等）作为障碍，学生以迎面接力的形式，自我选择最恰当的方式“穿越丛林”（爬、滚、跨、钻等）。

师：刚才各组同学练得都很认真，技术掌握得也很好，现在我们需要穿越敌人的障碍，为最后的胜利会师奠定基础。

学生分为六组“穿越丛林”，进行“勇攀高峰”体能练习，身体得到充分锻炼。教师对比赛进行指导和调控，并进行评价。

◎环节 4　“小刺猬”胜利穿越：完成任务，放松身体

师：我们穿越了“丛林”，圆满完成了任务，下面让我们一起载歌载舞，庆祝这来之不易的胜利吧！

教师总结课堂，引导学生分享收获和体会。

学生学会穿越“滚动”技能，得到了体能练习，让身体能量得以释放。

◎评析　实施补偿性体能练习，促进运动技能学练

本案例教师将前滚翻教学内容和“小刺猬滚动”有机结合起来，设计不同的游戏环节，环环相扣，层层递进，通过设置游戏化情境使学生掌握基本运动技能，激发学生的学习兴趣。由于教材特点，无法达成运动强度的目标，因此，在课堂教学中教师实施补偿性体能练习，以达到全面均衡地发展学生身体素质的目的。

环节 1 中，教师以谜语进行导入，将学生带入到“穿越丛林”的模拟游戏中，为后面的体能训练做铺垫。在准备活动中，教师融入补偿性体能练习，通过设置分组训练、躲避敌人等环节，渲染“穿越丛林”的气氛，引导学生积极练习，储备体能，为顺利完成“穿越丛林”打下基础。

环节 2 中，教师结合“一蹲、二撑、三低头，蹬腿滚动像皮球”等基本动作技术，将运动项目进行游戏化处理，通过分组轮换练习，让学生在自主、合作、探究学习的过程中掌握前滚翻动作技巧，在技术动作的学习过程中渗透补偿性体能练习。教师还可以利用准备活动把补偿性体能练习带入其中，这样不但能让学生更快地适应课堂上的运动状态，也能够让学生充分地活动开，有效防止在运动中出现损伤，避免意外事故的发生，还能为后面的技能学习做好铺垫。

环节 3 中，教师在学生掌握每个游戏技巧的基础上设计“穿越丛林”的游戏和比赛。在技巧练习之前，设计补偿性运动，采用“勇攀高峰”的形式对学生进行体能和反应的练习。补偿性运动能够很好地克服单纯技巧练习的单调性，提升学生的竞争意识。